日本の社会福祉の主な法律

イギリスの「救貧法」に倣って明治政府が作成した「恤救規則」が、日本における社会福祉の幕開けといえる。第2次世界大戦、高度経済成長期等、時代の変遷に応じて社会福祉のあり方も変化を遂げてきた。

明治期から戦時期につくられた社会福祉の法律

1874（明治7）年	恤救規則	
1929（昭和4）年	救護法	
1937（昭和12）年	母子保護法	
1938（昭和13）年	社会事業法	

第2次世界大戦後につくられた社会福祉の法律

1947（昭和22）年　児童福祉法
1949（昭和24）年　身体障害者福祉法
1950（昭和25）年　生活保護法
　　　　　　　　　精神衛生法（現・精神保健福祉法）
1951（昭和26）年　社会福祉事業法（現・社会福祉法）

高度経済成長期につくられた社会福祉の法律

1960（昭和35）年　精神薄弱者福祉法
　　　　　　　　　（現・知的障害者福祉法）
1963（昭和38）年　老人福祉法
1964（昭和39）年　母子福祉法
　　　　　　　　　（現・母子及び父子並びに寡婦福祉法）

「福祉見直し」以後の社会福祉の法律

1982（昭和57）年　老人保健法（現・高齢者医療確保法）
1997（平成9）年　介護保険法
2000（平成12）年　児童虐待防止法
2003（平成15）年　次世代育成支援対策推進法
　　　　　　　　　少子化社会対策基本法
2005（平成17）年　障害者自立支援法
　　　　　　　　　（現・障害者総合支援法）
2012（平成24）年　子ども・子育て支援法
2013（平成25）年　子どもの貧困対策法
　　　　　　　　　生活困窮者自立支援法
　　　　　　　　　障害者差別解消法
2022（令和4）年　困難な問題を抱える女性への支援に関する法律

＊一部の法律名は略称表記している

社会福祉の法体系

1951（昭和26）年に制定された社会福祉法を基盤として、児童、障害、高齢者等に関する法整備が進められ、平成以後、社会のニーズを汲むかたちで介護保険法、障害者総合支援法、子ども・子育て支援法が施行されてきた。

児童福祉施設

児童福祉施設とは、児童福祉法にその目的とともに定義されている社会福祉施設である。保育所や認定こども園だけでなく、保育士の働く場が多岐にわたることがわかる。

施設名	施設の目的	職員の種類
助産施設	保健上必要があるにもかかわらず、経済的理由により、入院助産を受けることができない妊産婦を入所させて、助産を受けさせること。	医療法に規定する職員のほか、1人以上の専任または嘱託の助産師
乳児院	乳児（保健上、安定した生活環境の確保その他の理由により特に必要のある場合には、幼児を含む。）を入院させて、これを養育し、あわせて退院した者について相談その他の援助を行うこと。	医師または嘱託医（小児科診療に相当の経験を有する者）、看護師、個別対応職員、家庭支援専門相談員、心理療法担当職員（心理療法を行う必要があると認められる乳幼児またはその保護者10人以上に心理療法を行う場合）、栄養士、調理員（調理業務の全部を委託する施設は置かないことができる）、里親支援専門相談員（里親支援を行う場合）、保育士（乳幼児20人以下を入所させる場合）
母子生活支援施設	配偶者のない女子またはこれに準ずる事情にある女子およびその者の監護すべき児童を入所させて、これらの者を保護するとともに、これらの者の自立の促進のためにその生活を支援し、あわせて退所した者について相談その他の援助を行うこと。	母子支援員、嘱託医、少年を指導する職員、調理員またはこれに代わるべき者、心理療法担当職員（心理療法を行う必要があると認められる母子10人以上に心理療法を行う場合）、個別対応職員（配偶者からの暴力を受けたこと等により個別に特別な支援を行う必要があると認められる母子に支援を行う場合）、保育士（保育所に準ずる設備を設ける場合）

施設名	施設の目的	職員の種類
保育所	保育を必要とする乳児・幼児を日々保護者の下から通わせて保育を行うこと。ただし、特に必要があるときは、保育を必要とするその他の児童を日々保護者の下から通わせて保育すること。	保育士、嘱託医、調理員（調理業務の全部を委託する施設は置かないことができる）
幼保連携型認定こども園	義務教育およびその後の教育の基礎を培うものとしての満3歳以上の幼児に対する教育および保育を必要とする乳児・幼児に対する保育を一体的に行い、これらの乳児または幼児の健やかな成長が図られるよう適当な環境を与えて、その心身の発達を助長すること。	園長、主幹保育教諭、指導保育教諭、調理員（調理業務の全部を委託する施設は置かないことができる） 保育教諭（副園長または教頭、主幹養護教諭、養護教諭または養護助教諭、事務職員は置くように努めなければならない）
児童厚生施設	児童遊園、児童館等児童に健全な遊びを与えて、その健康を増進し、または情操をゆたかにすること。	児童の遊びを指導する者
児童養護施設	保護者のない児童（乳児を除く。ただし、安定した生活環境の確保その他の理由により特に必要のある場合には、乳児を含む。）、虐待されている児童その他環境上養護を要する児童を入所させて、これを養護し、あわせて退所した者に対する相談その他の自立のための援助を行うこと。	児童指導員、嘱託医、保育士、個別対応職員、家庭支援専門相談員、栄養士（児童40人以下の施設は置かないことができる）、調理員（調理業務の全部を委託する施設は置かないことができる）、心理療法担当職員（心理療法を行う必要がある児童10人以上に心理療法を行う場合）、職業指導員（実習施設を設けて職業指導を行う場合）、看護師（乳児が入所している場合）、里親支援専門相談員（里親支援を行う場合）
障害児入所施設（福祉型）	障害児を入所させて、保護、日常生活の指導および独立自活に必要な知識技能の付与を行うこと。	［主に知的障害児を入所させる施設］嘱託医（精神科または小児科の診療に相当の経験を有する者）、児童指導員、保育士、栄養士、調理員、児童発達支援管理責任者 ［主に自閉症児を入所させる施設］嘱託医（精神科または小児科の診療に相当の経験を有する者）、児童指導員、保育士、栄養士、調理員、児童発達支援管理責任者、医師（児童を対象とする精神科の診療に相当の経験を有する者）、看護職員 ［主に盲ろうあ児を入所させる施設］嘱託医（眼科または耳鼻咽喉科の診療に相当の経験を有する者）、児童指導員、保育士、栄養士、調理員、児童発達支援管理責任者 ［主に肢体不自由のある児童を入所させる施設］嘱託医（精神科または小児科の診療に相当の経験を有する者）、児童指導員、保育士、栄養士、調理員、児童発達支援管理責任者、看護職員、心理指導担当職員（心理指導を行う必要がある児童5人以上に心理指導を行う場合）、職業指導員（職業指導を行う場合） ※児童40人以下の施設は栄養士を、調理業務の全部を委託する施設は調理員を置かないことができる。
障害児入所施設（医療型）	障害児を入所させて、保護、日常生活の指導、独立自活に必要な知識技能の付与および治療を行うこと。	［主に自閉症児を入所させる施設］医療法に規定する病院として必要な職員、児童指導員、保育士、児童発達支援管理責任者 ［主に肢体不自由のある児童を入所させる施設］医療法に規定する病院として必要な職員、児童指導員、保育士、児童発達支援管理責任者、理学療法士または作業療法士 ［主に重症心身障害児を入所させる施設］医療法に規定する病院として必要な職員、児童指導員、保育士、児童発達支援管理責任者、理学療法士または作業療法士、心理指導を担当する職員
児童発達支援センター（福祉型）	障害児を日々保護者の下から通わせて、日常生活における基本的動作の指導、独立自活に必要な知識技能の付与または集団生活への適応のための訓練を提供すること。	［主に知的障害のある児童を通わせる施設］嘱託医（精神科または小児科の診療に相当の経験を有する者）、児童指導員、保育士、栄養士、調理員、児童発達支援管理責任者、機能訓練担当職員（日常生活を営むのに必要な機能訓練を行う場合）、看護職員（医療機関と連携し、障害児を訪問して医療的ケアを行う場合） ［主に難聴児を通わせる施設］嘱託医（眼科または耳鼻咽喉科の診療に相当の経験を有する者）、児童指導員、保育士、栄養士、調理員、児童発達支援管理責任者、機能訓練担当職員（日常生活を営むのに必要な機能訓練を行う場合）、言語聴覚士 ［主に重症心身障害児を通わせる施設］嘱託医（内科、精神科、医療法施行令の規定により神経と組み合わせた名称を診療科名とする診療科、小児科、外科、整形外科またはリハビリテーション科の診療に相当の経験を有する者）、児童指導員、保育士、栄養士、調理員、児童発達支援管理責任者、機能訓練担当職員（日常生活を営むのに必要な機能訓練を行う場合）、看護職員 ※児童40人以下の施設は栄養士を、調理業務の全部を委託する施設は調理員を置かないことができる。
児童発達支援センター（医療型）	障害児を日々保護者の下から通わせて、日常生活における基本的動作の指導、独立自活に必要な知識技能の付与または集団生活への適応のための訓練および治療を提供すること。	医療法に規定する診療所として必要な職員、児童指導員、保育士、看護師、理学療法士または作業療法士、児童発達支援管理責任者
児童心理治療施設	家庭環境、学校における交友関係その他の環境上の理由により社会生活への適応が困難となった児童を、短期間、入所させ、または保護者の下から通わせて、社会生活に適応するために必要な心理に関する治療および生活指導を主として行い、あわせて退所した者について相談その他の援助を行うこと。	医師（精神科または小児科の診療に相当の経験を有する者）、心理療法担当職員、児童指導員、保育士、看護師、個別対応職員、家庭支援専門相談員、栄養士、調理員（調理業務の全部を委託する施設は置かないことができる）
児童自立支援施設	不良行為をなし、またはなすおそれのある児童および家庭環境その他の環境上の理由により生活指導等を要する児童を入所させ、または保護者の下から通わせて、個々の児童の状況に応じて必要な指導を行い、その自立を支援し、あわせて退所した者について相談その他の援助を行うこと。	児童自立支援専門員、児童生活支援員、嘱託医、精神科の診療に相当の経験のある医師（または嘱託医）、個別対応職員、家庭支援専門相談員、心理療法担当職員（心理療法を行う必要がある児童10人以上に心理療法を行う場合）、栄養士、調理員、職業指導員（実習設備を設けて職業指導を行う場合） ※児童40人以下の施設は栄養士を、調理業務の全部を委託する施設は調理員を置かないことができる。
児童家庭支援センター	地域の児童の福祉に関する各般の問題につき、児童に関する家庭その他からの相談のうち、専門的な知識および技術を必要とするものに応じ、必要な助言を行うとともに、市町村の求めに応じ、技術的助言その他必要な援助を行うほか、法の規定による指導を行い、あわせて児童相談所、児童福祉施設等との連絡調整その他内閣府令の定める援助を総合的に行うこと。	支援を担当する職員

相談援助の流れ

保育士として相談援助の知識と技術を理解することは、多様なニーズをもつ保護者および子どもとのかかわりにおいて有効といえるだろう。

1 問題の発見

日ごろの保護者とのやりとり、子どもの様子から、何か問題が潜んでいるのではないかと感じることから、保育士の相談援助は始まる。

2 インテーク

問題を発見することから援助関係を構築していく過程。相談者(保護者や子ども)の様子から、困っていることを明らかにする。

3 アセスメント(事前評価)

インテークの情報に加えて、相談者の情報を多面的に収集し、全体像を明らかにする。

4 プランニング

情報を収集し整理した後、それらをもとに援助・支援のためのプログラムを作成する。

5 インターベンション(介入)

支援プログラムに基づき、実行する。相談者自身の主体性を尊重しながら、その能力や人格に直接はたらきかける、あるいは社会資源を利用して問題の解決を図っていく。

6 モニタリング(中間評価)

支援プログラムが開始された後、その経過を観察・評価する。介入の評価をふまえ、必要に応じて再アセスメント・再プランニングを行う。

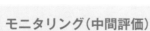

7 エバリュエーション(事後評価)

介入の終結、もしくは段階ごとに評価を行う。

8 終結

相談者のニーズが満たされ、支援を必要としなくなったと判断されれば終結となる。新たな機関などに支援をつなげる場合もある。

フィードバック

社会福祉

第2版

新 基本保育シリーズ 4

監修
公益財団法人
児童育成協会

編集
松原 康雄
圷 洋一
金子 充

中央法規

新・基本保育シリーズ
第2版刊行にあたって

　保育所がお預かりしているものは「命」です。そしてその命は「日本の未来」です。私たちは、子どもの最善の利益と最大の発達を保護者とともに守り育んでいくことが使命です。そのためにはすべての子どもが、生涯にわたる人格形成の基礎を築き、自律し、自立した個人として楽しみながら健やかに成長することができること、それがどのような環境におかれている子どもにも等しく保障されることが活動に反映されなければなりません。

　また、私たちは保育事業の専門家として、日々の活動が独断と偏見に陥らないように科学的視点に立って、省察的に振り返りながら実践することが欠かせません。そのためには、私たちがめざすものが学問的・社会的に承認を受けた最新の指標に基づいていることを常に確認しながらの保育でなければなりません。

　前回の改訂（2019（平成31）年）以降、「保育・幼児教育」の根幹をなす重要事項の改正はありませんが、教授内容に関連する法制度やガイドライン等の改正、主要な統計の更新・新規公表などが行われています。主なものを以下に列挙します。
・法制度としては、児童福祉法、児童虐待防止法、子ども・子育て支援法、こども基本法など。
・国の方針やガイドラインとしては、保育所における自己評価ガイドライン、少子化社会対策大綱、日本人の食事摂取基準、授乳・離乳支援ガイド、食育推進基本計画、保育所におけるアレルギー対応ガイドラインなど。
・その他、子ども関連・社会的養育関連の統計更新、こども家庭庁の創設など。
　これらをふまえ、以下の4巻を改訂することにいたしました。
　第3巻　子ども家庭福祉（講義科目）、第4巻　社会福祉（講義科目）
　第5巻　子ども家庭支援論（講義科目）、第6巻　社会的養護Ⅰ（講義科目）

　本シリーズは、2018（平成30）年、新たに制定された保育士養成課程の教科目の教授内容に準拠し、保育者に必要な基礎知識の習得を基本に、学生の皆さんが理解しやすく、自ら考えることを重視した視点で作成しています。また、構成は養成校での講義を想定した講立てになっており、使いやすさにも配慮しました。

　本シリーズが、保育者養成の現場や保育者をめざす学生の皆さんに広く活用されることをこころより祈念しております。

公益財団法人　児童育成協会

新・基本保育シリーズ
刊行にあたって

　認可保育所を利用したくても利用できない、いわゆる「保育所待機児童」は、依然（ぜん）として社会問題になっています。国は、その解消のために「子育て安心プラン」のなかで、保育の受け皿の拡大について大きく謳（うた）っています。まず、2020年度末までに全国の待機児童を解消するため、東京都ほか意欲的な自治体への支援として、2018年度から2019年度末までの2年間で必要な受け皿約22万人分の予算を確保するとしています。さらに、女性就業率80％に対応できる約32万人分の受け皿整備を、2020年度末までに行うこととしています。

　子育て安心プランのなかの「保育人材確保」については、保育補助者を育成し、保育士の業務負担を軽減するための主な取り組みとして、次の内容を掲げています。

・処遇改善を踏まえたキャリアアップの仕組みの構築
・保育補助者から保育士になるための雇上げ支援の拡充
・保育士の子どもの預かり支援の推進
・保育士の業務負担軽減のための支援

　また、保育士には、社会的養護、児童虐待（じどうぎゃくたい）を受けた子どもや障害のある子どもなどへの支援、保護者対応や地域の子育て支援など、ますます多様な役割が求められており、保育士の資質および専門性の向上は喫緊（きっきん）の課題となっています。

　このような状況のなか、2017（平成29）年3月の保育所保育指針、幼稚園教育要領、幼保連携型認定こども園教育・保育要領の改定・改訂、2018（平成30）年4月の新たな保育士養成課程の制定を受け、これまでの『基本保育シリーズ』を全面的に刷新（きっしん）し、『新・基本保育シリーズ』として刊行することになりました。

　本シリーズは、2018（平成30）年4月に新たに制定された保育士養成課程の教科目の教授内容等に準拠（じゅんきょ）し、保育士や幼稚園教諭など保育者に必要な基礎知識の習得を基本に、学生が理解しやすく、自ら考えることにも重点をおいたテキストです。さらに、養成校での講義を想定した目次構成になっており、使いやすさにも配慮しました。

　本シリーズが、保育者養成の現場で、保育者をめざす学生に広く活用されることをこころから願っております。

公益財団法人　児童育成協会

はじめに

　「はやく寝ないと、明日保育園に遅刻しちゃうよ」というような親子の会話が日常的になされていることは想像に難<difficult>くない。この会話自体、微笑ましいものであり、ことさら取り上げる必要はなさそうにみえる。しかし、この会話のなかの「保育園」という用語は、保育関係者や児童福祉関係者の間の会話では使用されないケースが多い。なぜならば、保育園は通称であり、児童福祉法では「保育所」と規定されているからである。この知識があれば、保護者や子どもとの会話ではあえて保育者が「保育園」を使う場合もあってよい。正確な知識があれば、「使い分け」も可能となる。

　保育所に限らず、児童福祉施設や児童相談所などにも保育士の勤務先は多様に存在する。子どもへの眼差しの豊かさは、自分が勤務する職場が児童福祉分野のなかでどのように位置づけられているのかを理解することで、より確かなものとなる。児童福祉制度は、述べるまでもなく社会福祉制度の1つとして位置づけられていることからすれば、勤務先や職場の理解は社会福祉制度とも関連づけられる必要がある。また、仕事のなかでは、障害福祉領域との連携や、生活保護、児童扶養手当などの申請・利用に関する支援が求められる可能性がある。幅広い知識は、保育士としての仕事を質的に向上させる「鍵<かぎ>」となる。

　国際的な条約である「児童の権利に関する条約」（児童の権利条約）の前文では、「家族が、社会の基礎的な集団として、並びに家族のすべての構成員、特に、児童の成長及び福祉のための自然な環境として、社会においてその責任を十分に引き受けることができるよう必要な保護及び援助を与えられるべきであることを確信し、児童が、その人格の完全なかつ調和のとれた発達のため、家庭環境の下で幸福、愛情及び理解のある雰囲気の中で成長すべきである」と述べている。この意味は、家族が子どもの養育を担う存在であり、その役割を果たすためには社会的援助を受けることができるということである。

　家族生活は、多様な支援を必要としている。子どもの教育が公教育として提供される（実際には、公立・私立の別はあるにしても）ことも、その例である。また、子どもが病気になったときの医療も例としてあげることができる。社会から孤立した家族は生活を営むことはできず、子育ても完遂<かんすい>することはできない。子どもを通じて、保育士が勤務する施設や機関に家族がつながっているのであれば、それが切れないように努めるとともに、さらに必要な支援がないのか考え、適切な支援につなげていくことが、児童の権利条約前文の意図を現場で活かしていくことになる。

本巻は、2019年刊行の『新・基本保育シリーズ④ 社会福祉』について、昨今の社会福祉および保育をめぐる情勢をふまえ、保育士に求められる役割に役立つ内容をさらに充実させている。社会福祉制度がどのような経過で成立・展開してきたのか、その根底にある考え方の変遷についても取り上げている。社会福祉・児童福祉、そして保育を共通して貫いている理念の理解は、日々の実践を支えていく礎となるであろう。

2022年12月

松原康雄・圷　洋一・金子　充

本書の特徴

- **3Stepによる内容構成で、基礎から学べる。**

- **国が定める養成課程に準拠した学習内容。**

- **各講は見開きで、見やすく、わかりやすい構成。**

Step1

基本的な学習内容

保育者として必ず押さえておきたい
基本的な事項や特に重要な内容を学ぶ

Step1

1. 社会福祉の概念

「社会福祉」のとらえ方

社会福祉という言葉は、さまざまな意味をもってつかわれている。例えば、児童福祉や障害者福祉などの具体的な制度や法律、およびそれらに基づく事業や実践を意味することがある。「社会福祉が整っている国」というとき、この社会福祉とは、具体的に整備された制度やサービスを表している。これを「実体概念としての社会福祉」と呼び、英語では social service（社会サービス）と表現する。

一方で、社会福祉という言葉はもう1つ別の意味でつかわれる。それは、制度やサービスがめざすべき目的、理念、信念を表す場合である。「私たちの望みは社会福祉である」というとき、それは理念としての社会福祉を表している。「福」「祉」という漢字はいずれも「しあわせ」を意味しており、社会全体の幸福を追求することが社会福祉であるという意味になる。これを「目的概念としての社会福祉」と呼び、英語では social welfare ／ wellbeing と表現する。

日本国憲法における「社会福祉」

日本国憲法第25条第2項では、「国は、すべての生活部面について、社会福祉、社会保障及び公衆衛生の向上及び増進に努めなければならない」と記されている。日本ではじめて社会福祉という概念が用いられたのは、この憲法の条文であった。ここでいう社会福祉は「目的としての社会福祉」であると読むことができる。

しかし、この条文の意味があまりにも漠然とした理念を表していたため、もう少し具体的な中身を示す必要が生じた。具体的な制度やサービスとしての社会福祉がほとんどなかった当時の日本において、社会福祉の意味内容をいっそう具体化して制度をつくっていく必要があった。そこで、社会保障制度審議会は、「社会福祉」の意味内容を明確にしようと試みた。1950（昭和25）年に発表された「社会保障制度に関する勧告」（通称「50年勧告」）という文書のなかで、「社会福祉とは、国家扶助の適用をうけている者、身体障害者、児童、その他援護育成を要する者が、自立してその能力を発揮できるよう、必要な生活指導、更生補導、その他の援護育成を行うことをいうのである」と定義された。

その後、50年勧告にしたがって具体化された社会福祉の法律として、精神薄弱者福祉法（現・知的障害者福祉法）、老人福祉法、母子福祉法（現・母子及び父子並びに寡婦福祉法）が加えられ、児童福祉法、身体障害者福祉法、生活保護法とあわ

せて「福祉六法」と呼ばれるようになった。現在では、福祉六法だけが憲法の規定する社会福祉を意味しているわけではないが、今なお、社会福祉の基幹的な法律として機能している。

広義と狭義の社会福祉

50年勧告は、社会福祉という言葉を整理するもう1つのきっかけとなった。それは、「実体概念としての社会福祉」の中身を、広い意味での社会福祉（広義の社会福祉）と狭い意味での社会福祉（狭義の社会福祉）に分けることが可能であることを示していた。

広義の社会福祉には、市民によるボランティア活動や民間企業が行う CSR などの社会貢献活動等が含まれる。社会福祉法ではこれを「社会福祉に関する活動」と呼んでいる。あるいは、社会福祉法から離れれば、広義の社会福祉の中身として年金や医療といった社会保障制度を含んで理解することもあるし、国際援助プログラムや SDGs（持続可能な開発目標）の取り組みを含めて理解することもある。

狭義の社会福祉は、50年勧告の定義で具体的に示されたような、貧困、障害、虐待、要介護といった特別なニーズや生活課題をかかえた個人等に対する援助活動を意味している。社会福祉法では、福祉六法を中心とする「社会福祉事業」（第1種・第2種社会福祉事業）、および自治体が独自に展開する「社会福祉を目的とする事業」として説明されている（図表1-1）。

図表1-1 社会福祉法における「社会福祉」

三具「新版・社会福祉学習双書編集委員会編『新版・社会福祉学習双書2001 第1巻 社会福祉の原理と政策』全国社会福祉協議会、p.184、2001」を一部改変。

Step2

社会福祉の歴史的変遷

社会福祉のない時代の暮らし

近代以前の社会では、人口のほとんどが貧しい農民であり、頻繁に起こる災害や飢饉にさらされ、餓死の不安をかかえながら生きていた。また、感染症が拡大しても受けられる医療がないまま亡くなっていた。

親を失った子どもたちは孤児となり、浮浪児（ストリートチルドレン）として路上で暮らすこともあった。空腹をまぎらわすために、畑から野菜を盗んで食べてその場をしのぐこともあった。教育を受けられる子どもは数少なく、子どもたちのほとんどは農作業や家事をして必死に日々を過ごしていた。児童労働は当たり前で、子どもの自由、権利、発達保障という考え方は存在していなかった。

このように想像すると、現代社会に社会福祉があることの重要性がよくわかるだろう。歴史を学ぶことは、社会福祉の存在理由を理解することにつながっている。

宗教に基づく社会福祉

人々の生活や健康を支える包括的な社会保障・社会福祉の制度が用意されるようになったのは、20世紀半ば以降のことである。それ以前の時代では、貧困、飢饉、災害、感染症などが発生しても、それらの問題に恒久的に対応する公的な制度は一般的に用意されていなかった。あったのは、教会や寺院などの宗教的な思想・倫理に基づく救済や慈善活動、そして国王や領主（国や地域の権力者）が人民を管

社会福祉の現代的課題

拡大する格差・貧困問題

　近年注目されている社会福祉の問題として、「貧困」の問題がある。かつて日本では、失業やフリーターの問題はほとんど話題にならなかった。しかし、経済のグローバル化や産業構造の転換によって、全雇用に占める非正規雇用の割合が36%を超え、特に若年層の低賃金・不安定就労が問題となっている。

　そのような安定した常勤職や不安定な非常勤職との待遇格差が、生活のあらゆる場面へと連鎖的に拡大し、大きな格差と貧困を生んでいると考えられている。貧困や不安定就労を背景とした精神疾患や自殺、多重債務、住居喪失（ホームレス）、無年金や無保険（年金がもらえない、医療にかかれない）といった深刻な生活問題がみえないところで拡大している。

生活保護と生活困窮者自立支援

　貧困問題に対して、日本ではこれまで生活保護制度を中心とした貧困対策が整えられてきた。生活保護は、それぞれの個人の自立を助長しながら、現金給付によって最低限度の生活を保障する制度である。しかし、制度の利用に対する偏見（スティグマ）が強く、また利用に際して行われる資力調査（ミーンズ・テスト）が複雑かつ強選的であるため、利用しにくい制度になってきたと指摘されてきた。生活に困窮する者が福祉事務所に相談に来たとしても、生活保護を利用できるかどうかの相談に終始してしまい、肝心の生活困窮にかかわる諸課題の解決という段階にまで進まないまま、相談や支援が終結してしまうことがあった。

　　　　　　　　　　支援への取り組みが地域

　　　　　　　　　　　　ホームレスのための緊急
　　　　　　　　　　　は民間事業者や市民が
　　　　　　　　　　　　　き間を埋めるようにし

　備支援」といった市民参加による地域密着型のサービスを独自に展開でき、同法はそれらのサービス事業者に財政的な支援を行うことができる。この制度によって、地域で活躍する市民・NPO団体と社会福祉の専門職（コミュニティソーシャルワーカー）の役割が広く認識され、地域福祉による貧困対策を充実させるための基礎が築かれたと評価されている。

「地域共生社会」という社会福祉の理念

　さらに近年、政府は「地域共生社会」というキーワードを掲げ、政府・自治体と市民・当事者、そしてNPO団体や営利企業のような民間事業者が一体となって展開する地域福祉を推進している。政府は「地域共生社会」を次のように定義する。

「地域共生社会」とは
制度・分野ごとの「縦割り」や「支え手」「受け手」という関係を超えて、地域住民や地域の多様な主体が「我が事」として参画し、人と人、人と資源が世代や分野を超えて「丸ごと」つながることで、住民一人ひとりの暮らしと生きがい、地域をともに創っていく社会

　ここで強調されているのは、地域の市民・当事者による「支え合い」＝参加型の活動・実践である。特に世代・分野を超えた「つながり」の構築、あるいは「支える側（支援者）」と「支えられる側（被支援者）」の相互依存性を意識した支援が重視されている。例えば、高齢者は常に「支えられる側」の立場のようにみえるが、子どもの学習支援においては、高齢者は子どもに勉強を教える立場になるので「支える側」となる。このように「支える側」と「支えられる側」は場面によって入れ替わる可能性があり、また、互いの存在があってこそ社会の持続可能性が保たれるということである。

　こうして、貧困問題をかかえる当事者と向き合うのは、福祉事務所のソーシャルワーカーだけでなく、対人的な実践にかかわるすべての専門職、そして市民や企業であると理解されるようになった。保育士もまた、生活困窮者の相談・支援を行う重要な担い手として期待されているということである。

　かつては、政府が行う公的な社会福祉（生活保護など）に対して、当事者や市民、民間事業者が参加・展開する実践・活動（＝地域福祉）は、いわば対抗的な実践だとみられてきた。だが、近年では後者である地域福祉が「主流化」し、対抗するのではなく、政府の政策そのものになってきたのである（地域福祉の主流化）。

11

日本の社会福祉の原点

　日本では、6世紀末に仏教による政教統合が図られ、四天王寺の「四箇院」に代表される救済施設が設けられるようになる。とりわけ四箇院に含まれる「悲田院」は貧困者や孤児を収容・保護する施設として発展し、こうした仏教の慈悲思想に基づく救済施設が各地に広がっていった。

　制度化された日本の社会福祉の原点としては、奈良時代（701年）の大宝律令が注目される。これは当時の中国・唐の法律を参考にしてつくられたもので、国の組織、税、罰則等を定めていたものである。そのなかに「戸令」という救済の規則があり、いわゆる「鰥寡孤独」（身寄りのない男女、孤児、高齢者）に対して血縁や地縁を基本にした救済（相互扶助）を行うべきであると書かれていた。この考え方は家族ケア（親族扶養）を重視する現代日本の社会福祉に根強く残されている。

　江戸時代の救済制度として注目されるのは、1791年の松平定信による「七分積金」の制度である。町民の拠出金から財源を積み立てておき、災害対策（橋や水路の整備）や貧民救済のための資金にするというもので、貧困を予防するという考え方は斬新なものであった。また江戸では、貧民を救済するための「御救小屋」、ホームレスや犯罪者を保護する「人足寄場」といった施設が設置された。さらに、相互扶助（隣保相扶）もしくは相互監視のしくみとして「五人組制度」が設けられ、儒教思想の普及を背景に定着していった。

欧米における社会福祉の成立と展開

　近代以降の欧米の社会福祉で、産業革命と市民革命を早くから経験したイギリスの社会福祉の歴史に焦点をあてて説明する。イギリスでは、中世の秩序が崩れはじめた15～17世紀に、社会の秩序を乱すとされた貧民を取り締まったり、懲罰を与えたりする目的で貧民対策が導入された。1601年に救貧法（通称「エリザベス救貧法」）という法律がつくられ、働けない貧民や孤児が収容された。働く能力のある貧民は「怠け者」であると考えられ、強制労働させられることになった。この救貧施設は、のちに病院、孤児院（児童養護施設）、養老院（老人ホーム）、障害者施設などへと発展していった。また、救貧はその後、施設収容だけでなく、居宅における金銭給付を認めるようになり、生活保護のような所得保障制度となった。

　産業革命を経て、19世紀になっても救貧法は存続していた。資本主義経済が発展するとともに、生活自助原則や労働倫理（「働かざる者食うべからず」）が強まった

　　地域で多様に実践され
　　3（平成25）年に生活困
　　　に陥るおそれのある者）
　　」の支援が総合的に
　　　　の学習支援」や「就労準

Step3

発展的な学習内容

近年の動向、関連領域の知識など、
発展的な内容を学ぶ

Step2

基本を深めた学習内容

Step1をふまえ、より詳しい内容、
多様化する保育者の役割、
児童福祉や教育との関連などを学ぶ

保育士養成課程──本書の目次
対応表

　指定保育士養成施設の修業教科目については国で定められており、養成課程を構成する教科目については、通知「指定保育士養成施設の指定及び運営の基準について」（平成15年雇児発第1209001号）において、その教授内容が示されている。

　本書は保育士養成課程における「教科目の教授内容」に準拠しつつ、授業で使いやすいよう全15講に目次を再構成している。

社会福祉「教科目の教授内容」		本書の目次
1. 現代社会における社会福祉の意義と歴史的変遷		
（1）社会福祉の理念と概念	→	第1講　社会福祉の理念と歴史的変遷
（2）社会福祉の歴史的変遷	→	
（3）子ども家庭支援と社会福祉	→	第2講　子ども家庭支援と社会福祉
2. 社会福祉の制度と実施体系		
（1）社会福祉の制度と法体系	→	第3講　社会福祉の制度と法体系
（2）社会福祉行財政と実施機関	→	第4講　社会福祉行財政と実施機関、社会福祉施設等
（3）社会福祉施設	→	
（4）社会福祉の専門職	→	第5講　社会福祉の専門職
（5）社会保障及び関連制度の概要	→	第6講　社会保障および関連制度の概要
3. 社会福祉における相談援助		
（1）相談援助の理論	→	第7講　相談援助の理論
（2）相談援助の意義と機能	→	第8講　相談援助の意義と機能
（3）相談援助の対象と過程	→	第9講　相談援助の対象と過程
（4）相談援助の方法と技術	→	第10講　相談援助の方法と技術
4. 社会福祉における利用者の保護に関わる仕組み		
（1）情報提供と第三者評価	→	第11講　社会福祉における利用者の保護にかかわるしくみ
（2）利用者の権利擁護と苦情解決	→	
5. 社会福祉の動向と課題		
（1）少子高齢化社会における子育て支援	→	第12講　少子高齢化社会における子育て支援
（2）共生社会の実現と障害者施策	→	第13講　共生社会の実現と障害者施策
（3）在宅福祉・地域福祉の推進	→	第14講　在宅福祉・地域福祉の推進
（4）諸外国の動向	→	第15講　諸外国の社会福祉の動向

CONTENTS

第7講　相談援助の理論

第8講　相談援助の意義と機能

第12講　少子高齢化社会における子育て支援

第13講　共生社会の実現と障害者施策

第14講　在宅福祉・地域福祉の推進

第15講　諸外国の社会福祉の動向

索引
企画委員一覧
編集・執筆者一覧

第 1 講

社会福祉の理念と
歴史的変遷

子どもの養育や保育はすべて親が行うべきプライベートな事柄^{ことがら}であり、その責任は親が果たすべきである、という考え方がある。

しかし、社会福祉と呼ばれる支援や制度はそのようなプライベートとされる領域にかかわり、私たちの暮らしに深く介入している。

本講では、社会福祉とは何か、そしてそれがどのような理念で実践され、人々の生活や生命への介入を果たしているのかを学ぶ。

Step 1

> ## 1. 社会福祉の概念

「社会福祉」のとらえ方

　社会福祉という言葉は、さまざまな意味をもってつかわれている。例えば、児童福祉や障害者福祉などの具体的な制度や法律、およびそれらに基づく事業や実践を意味することがある。「社会福祉が整っている国」というとき、この社会福祉とは、具体的に整備された制度やサービスを表している。これを「実体概念としての社会福祉」と呼び、英語では social service（社会サービス）と表現する。

　一方で、社会福祉という言葉はもう1つ別の意味でつかわれる。それは、制度やサービスがめざすべき目的、理念、信念を表す場合である。「私たちの望みは社会福祉である」というとき、それは理念としての社会福祉を表している。「福」「祉」という漢字はいずれも「しあわせ」を意味しており、社会全体の幸福を追求することが社会福祉であるという意味になる。これを「目的概念としての社会福祉」と呼び、英語では social welfare ／ wellbeing と表現する。

日本国憲法における「社会福祉」

　日本国憲法第25条第2項では、「国は、すべての生活部面について、社会福祉、社会保障及び公衆衛生の向上及び増進に努めなければならない」と記されている。日本ではじめて社会福祉という概念が用いられたのは、この憲法の条文であった。ここでいう社会福祉は、「目的としての社会福祉」であると読むことができる。

　しかし、この条文の意味があまりにも漠然とした理念を表していたため、もう少し具体的な中身を示す必要が生じた。具体的な制度やサービスとしての社会福祉がほとんどなかった当時の日本において、社会福祉の意味内容をいっそう具体化して制度をつくっていく必要があった。そこで、社会保障制度審議会は、「社会福祉」の意味内容を明確にしようと試みた。1950（昭和25）年に発表された「社会保障制度に関する勧告」（通称「50年勧告」）という文書のなかで、「社会福祉とは、国家扶助の適用をうけている者、身体障害者、児童、その他援護育成を要する者が、自立してその能力を発揮できるよう、必要な生活指導、更生補導、その他の援護育成を行うことをいうのである」と定義された。

　その後、50年勧告にしたがって具体化された社会福祉の法律として、精神薄弱者福祉法（現・知的障害者福祉法）、老人福祉法、母子福祉法（現・母子及び父子並びに寡婦福祉法）が加えられ、児童福祉法、身体障害者福祉法、生活保護法とあわ

せて「福祉六法」と呼ばれるようになった。現在では、福祉六法だけが憲法の規定する社会福祉を意味しているわけではないが、今なお、社会福祉の基幹的な法律として機能している。

広義と狭義の社会福祉

　50年勧告は、社会福祉という言葉を整理するもう1つのきっかけとなった。それは、「実体概念としての社会福祉」の中身を、広い意味での社会福祉（広義の社会福祉）と狭い意味での社会福祉（狭義の社会福祉）に分けることが可能であることを示していた。

　広義の社会福祉には、市民によるボランティア活動や民間企業が行うCSRなどの社会貢献活動等が含まれる。社会福祉法ではこれを「社会福祉に関する活動」と呼んでいる。あるいは、社会福祉法から離れれば、広義の社会福祉の中身として年金や医療といった社会保障制度を含んで理解することもあるし、国際援助プログラムやSDGs（持続可能な開発目標）の取り組みを含めて理解することもある。

　狭義の社会福祉は、50年勧告の定義で具体的に示されたような、貧困、障害、虐待、要介護といった特別なニーズや生活課題をかかえた個人等に対する援助活動を意味している。社会福祉法では、福祉六法を中心とする「社会福祉事業」（第1種・第2種社会福祉事業）、および自治体が独自に展開する「社会福祉を目的とする事業」として説明されている（**図表1-1**）。

図表1-1　社会福祉法における「社会福祉」

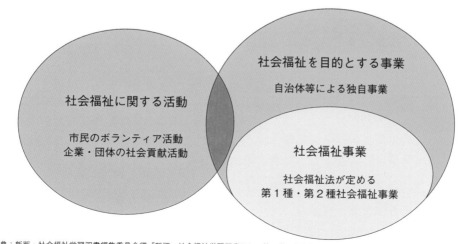

社会福祉に関する活動

市民のボランティア活動
企業・団体の社会貢献活動

社会福祉を目的とする事業

自治体等による独自事業

社会福祉事業

社会福祉法が定める
第1種・第2種社会福祉事業

出典：新版・社会福祉学習双書編集委員会編『新版・社会福祉学習双書2001　第1巻　社会福祉の原理と政策』全国社会福祉協議会，p.184，2001.　を一部改変。

2. 社会福祉の理念

普遍的な理念──人権、生存権

　今日、社会福祉の理念は数多く示されているが、それには時代を超えた普遍的な(ふへんてき)ものから時代背景を強く受けた政治的なものまで幅広くある。またその移り変わりは、時代ごとの社会福祉制度の整備状況にも関係していると考えられる。

　例えば、「生存権」という理念がある。一般的には「健康で文化的な最低限度の生活を営む権利」（日本国憲法第25条）としてすべての国民に保障されたものであり、社会福祉によって保障されるものであると考えられている。だが、日本国憲法第25条は国家の努力目標であるという理解（プログラム規定説）と、そうではなく法的効力のある具体的な権利を表しているという理解（具体的権利説）がある。

　「人権」や「基本的人権」という理念も、生存権と並んで最も抽象的(ちゅうしょうてき)な社会福祉の理念の1つであるが、それらは社会福祉の理念というよりも、社会的に生きる人間がもっている普遍的な理念であると考えられる。

政策的な理念──ナショナルミニマム、ノーマライゼーション

　ナショナルミニマムとは、国民に対して最低限度の生活を保障すること（最低生活保障）を意味している。19世紀末、イギリスにおいてウェッブ夫妻（Webb, S. & B.）が提唱した概念であり、今日の社会保障政策の基本理念にすえられている。当時、すべての国民の最低生活を政府が保障するという考え方自体がなく、限定された貧困者を救済する「救貧政策」があるのみであった。ナショナルミニマムという理念は、こうした消極的な社会福祉のあり方を積極的なものへ転じさせる契機(けいき)を与えた。

　近年では、ナショナルミニマムに代わって「セーフティネット」（安全網）という概念がつかわれる機会が多くなっている。セーフティネットは、ナショナルミニマムよりも個人主義的なニュアンスが強く、国民に共通するニーズに応じるというより、個人の生活上のリスクに備えるという考え方を反映している。

　ノーマライゼーションとは、障害者を大規模な施設に収容したり、隔離(かくり)したりしていた政策の反省から、1970年代の北欧で提唱され、実践されてきた理念である。だれもがその社会でノーマルな（ふつうの／一般的な）生活を営めるようにすべきであるという趣旨(しゅし)であり、障害者を健常者が暮らす「ノーマルな社会」へ戻すという意味ではない。いわば、障害の有無にかかわらず、だれもが地域で普通に暮らせ

4

る社会をめざすという理念である。

実践的な理念──エンパワメント、権利擁護、自立

　近年の福祉実践における代表的な理念としては、「エンパワメント」「権利擁護」「自立」があげられる。

　エンパワメントとは「力（パワー）を与える」という意味であり、援助が必要な当事者に対して権威主義的に（「上から目線」で）指導や援護を施すというよりも、当事者に寄り添い、当事者自身がパワーを得て自ら問題を解決していけるように側面的に支援することを意味している。その際に、当事者のもっている強み（ストレングス）を活かした支援が大切であるとされている。

　権利擁護（アドボカシー）とは、当事者がもっている権利（人権、社会権、身体的・精神的自由等）を擁護し、虐待や差別といった権利侵害から当事者を守るという、支援者の徹底した姿勢を意味している。

　自立、あるいは自立支援は、近年の日本の社会福祉の政策や現場で多用されている理念である。自立という言葉は、一般的には社会福祉に依存せずに個人責任で生きるという意味だと理解されがちであるため、依存状態からの脱却、あるいは「自活」という意味であると誤解されやすい。

　しかし、社会福祉で用いられる「自立」とは、さまざまな生活課題をかかえる当事者であっても、それぞれにとっての自立（生活力をつける、生きる意欲をもつ、社会参加する、自己決定するなど）があるという観点から理解されている。こうした多様な自立概念については**図表1-2**のように整理できる。

図表1-2　「自立」の3つの意味

就労自立	就労によって自活すること。生活保護等の社会福祉をできるだけ利用せずに、働いて収入を得ることで生活を立て直すこと。
日常生活自立	病気を治療し、または、障害があっても自己決定をしながら主体的な生活を送ること。生活意欲を向上させ、食事や健康の管理をしっかりとすること。日常生活動作（ADL）の低下を招かないように心身のケアをしながら生活力を向上させて暮らすこと。
社会生活自立	地域活動や市民活動にかかわったり、学校に通ったりすることで社会参加を果たすこと。家族や友人との関係を修復し、つながりを回復させること。ひきこもりや孤立している状態から脱すること。

社会福祉の歴史的変遷

社会福祉のない時代の暮らし

　近代以前の社会では、人口のほとんどが貧しい農民であり、頻繁に起こる災害や飢饉にさらされ、餓死の不安をかかえながら生きていた。また、感染症が拡大しても受けられる医療がないまま亡くなっていた。

　親を失った子どもたちは孤児となり、浮浪児（ストリートチルドレン）として路上で暮らすこともあった。空腹をまぎらわすために、畑から野菜を盗んで食べてその場をしのぐこともあった。教育を受けられる子どもは数少なく、子どもたちのほとんどは農作業や家事をして必死に日々を過ごしていた。児童労働は当たり前で、子どもの自由、権利、発達保障という考え方は存在していなかった。

　このように想像すると、現代社会に社会福祉があることの重要性がよくわかるだろう。歴史を学ぶことは、社会福祉の存在理由を理解することにつながっている。

宗教に基づく社会福祉

　人々の生活や健康を支える包括的な社会保障・社会福祉の制度が用意されるようになったのは、20世紀半ば以降のことである。それ以前の時代では、貧困、飢餓、災害、感染症などが発生しても、それらの問題に恒久的に対応する公的な制度は一般的に用意されていなかった。あったのは、教会や寺院などの宗教的な思想・倫理に基づく救済や慈善活動、そして国王や領主（国や地域の権力者）が人民を管理、統治する一環としての「施し」、そして家族や近隣による相互扶助であった。日本では儒教思想の影響によって血縁・地縁による相互扶助も重視されていた。

　中世から近世（14世紀から17世紀）のヨーロッパでは、キリスト教による慈善として社会福祉が行われていた。例えば、教会や修道院と呼ばれる施設は、貧しい者に対する救済、シェルター、医療、相談支援、孤児や流民の保護などを行っていた。人々は教会で冠婚葬祭を行い、教会の墓地に埋葬され、それらのつながりでコミュニティを形成していた。

　このように、人々の多くは農民（小作農）として身分的な従属を強いられていたものの、自分より貧しく困っている者に施したり、家族や近隣で助け合ったりする必要があると考えていた。身分的な不平等や貧困があっても、宗教によって人々は救われ、社会統合が果たされていた。

日本の社会福祉の原点

　日本では、6世紀末に仏教による社会統合が図られ、四天王寺の「四箇院」に代表される救済施設が設けられるようになる。とりわけ四箇院に含まれる「悲田院」は貧困者や孤児を収容・保護する施設として発展し、こうした仏教の慈悲思想に基づく救済施設が各地に広がっていった。

　制度化された日本の社会福祉の原点としては、奈良時代（701年）の大宝律令が注目される。これは当時の中国・唐の法律を参考にしてつくられたもので、国の組織、税、罰則等を定めていたものである。そのなかに「戸令」という救済の規則があり、いわゆる「鰥寡孤独」（身寄りのない男女、孤児、高齢者）に対して血縁や地縁を基本にした救済（相互扶助）を行うべきであると書かれていた。この考え方は家族ケア（親族扶養）を重視する現代日本の社会福祉に根強く残されている。

　江戸時代の救済制度として注目されるのは、1791年の松平定信による「七分積金」の制度である。町民の拠出金から財源を積み立てておき、災害対策（橋や水路の整備）や貧民救済のための資金にするというもので、貧困を予防するという考え方は斬新なものであった。また江戸では、貧民を救済するための「御救小屋」、ホームレス者や犯罪者を保護する「人足寄場」といった施設が設置された。さらに、相互扶助（隣保相扶）もしくは相互監視のしくみとして「五人組制度」が設けられ、儒教思想の普及を背景に定着していった。

欧米における社会福祉の成立と展開

　近代以降の欧米の社会福祉として、産業革命と市民革命を早くから経験したイギリスの社会福祉の歴史に焦点をあてて説明する。イギリスでは、中世の秩序が崩れはじめた15〜17世紀に、社会の秩序を乱すとされた貧民を取り締まったり、懲罰を与えたりする目的で貧民対策が導入された。1601年に救貧法（通称「エリザベス救貧法」）という法律がつくられ、働けない貧民や孤児が施設に収容された。働く能力のある貧民は「怠け者」であると考えられ、強制労働させられることになった。この救貧施設は、のちに病院、孤児院（児童養護施設）、養老院（老人ホーム）、障害者施設などへと発展していった。また、救貧法はその後、施設収容だけでなく、居宅における金銭給付をみとめるようになり、生活保護のような所得保障制度となった。

　産業革命を経て、19世紀になっても救貧法は存続していた。資本主義経済が発展するとともに、生活自助原則や労働倫理（「働かざる者食うべからず」）が強まった

ことで、救貧法の対象となる貧民は（自立していないという意味で）いっそう差別されるようになった。救貧法による救済水準は働く者の最低賃金よりも明らかに低くすべきだという議論（劣等処遇の原則）が強まり、貧民はますます肩身が狭くなった。こうした構図は、現代の生活保護受給者への非難とよく似ている。

20世紀になると、イギリスは世界をリードする福祉国家をつくった。そのきっかけは、1942年に第2次世界大戦からの復興をめざして示された報告書「社会保険と関連サービス」（通称「ベヴァリッジ報告」）であった。戦後の国家再建を含め、社会保障計画がつくられた。これにより、すべての人が加入する社会保険、公費負担医療、児童手当、公的扶助などの先駆的な制度が整備され、福祉国家が築かれた。

日本における社会福祉の成立

日本では、明治政府が最初に「恤救規則」という公的扶助制度を1874（明治7）年につくった。これは、イギリスの救貧法に倣った金銭給付の救貧制度であった。それが1929（昭和4）年には「救護法」という制度に代わり、金銭給付に加えて「救護施設」が用意された。この救護施設には、孤児院や養老院などが含まれており、今日における社会福祉施設の原型を築いた。

大正時代から第2次世界大戦中は、労働者や公務員・軍人のための社会保障制度が発展した。1922（大正11）年の健康保険法、1923（大正12）年の恩給法、1938（昭和13）年の国民健康保険法、1941（昭和16）年の労働者年金保険法（のちの厚生年金保険法）がその代表である。これらの社会保障制度は、いわゆる富国強兵策の一環として、国家や経済の発展に貢献した者やその家族を優先的に待遇する制度としての性格が強かった。

社会福祉の制度が本格的に発展するのは、第2次世界大戦後を待たなければならなかった。1940〜50年代に「福祉三法」（児童福祉法、身体障害者福祉法、生活保護法）と呼ばれる基礎がつくられ、1960年代に「福祉六法」（精神薄弱者福祉法（現・知的障害者福祉法）、老人福祉法、母子福祉法（現・母子及び父子並びに寡婦福祉法））へと発展した。これらによって対象別の社会福祉サービスや施設が整備された。また、1951（昭和26）年には、社会福祉事業の種類や社会福祉主事、社会福祉法人のしくみ等について定めた社会福祉事業法（現・社会福祉法）が制定され、福祉六法とあわせて戦後日本の社会福祉の基盤となった。

日本における社会福祉の展開

1970年代に高度経済成長が終わると、政府はただちに財政削減や行政の効率化を

求めるようになり、それらを背景に、いわゆる「福祉見直し」が進められた。その
ころ、人口の高齢化も進展しはじめ、高齢者福祉に比重がおかれるようになった。

　例えば、1982（昭和57）年に老人保健法（現・高齢者の医療の確保に関する法
律）が制定され、1972（昭和47）年から医療費が無料となっていた後期高齢者に一
部自己負担制が導入された。1995（平成7）年には高齢社会対策基本法、1997（平
成9）年には介護保険法が制定され、高齢社会への準備が進められると同時に、そ
の担い手として民間営利企業やNPO団体などが想定された。介護保険制度の導入
は、社会福祉の実施主体を政府から民間事業者へひらく大きなきっかけとなった。

　2000（平成12）年には、社会福祉事業法が社会福祉法へと改正され、社会福祉
サービスの「利用・契約制度」が整備された。従来の社会福祉サービスは、行政が
利用者の処遇を決定する「措置制度」と呼ばれるしくみによって運営されてきた
が、それに加えて、利用者がサービス提供者を自由に選択し、直接契約を結ぶ利用
契約制度が整えられたのである。

図表1-3　日本の社会福祉の主な法律（年表）

明治期から戦時期につくられた社会福祉の法律
1874（明治7）年　恤救規則
1929（昭和4）年　救護法
1937（昭和12）年　母子保護法
1938（昭和13）年　社会事業法
第2次世界大戦後につくられた社会福祉の法律
1947（昭和22）年　児童福祉法
1949（昭和24）年　身体障害者福祉法
1950（昭和25）年　生活保護法
精神衛生法（現・精神保健福祉法）
1951（昭和26）年　社会福祉事業法（現・社会福祉法）
高度経済成長期につくられた社会福祉の法律
1960（昭和35）年　精神薄弱者福祉法（現・知的障害者福祉法）
1963（昭和38）年　老人福祉法
1964（昭和39）年　母子福祉法（現・母子及び父子並びに寡婦福祉法）
「福祉見直し」以後の社会福祉の法律
1982（昭和57）年　老人保健法（現・高齢者医療確保法）
1997（平成9）年　介護保険法
2000（平成12）年　児童虐待防止法
2003（平成15）年　次世代育成支援対策推進法
少子化社会対策基本法
2005（平成17）年　障害者自立支援法（現・障害者総合支援法）
2012（平成24）年　子ども・子育て支援法
2013（平成25）年　子どもの貧困対策法
生活困窮者自立支援法
障害者差別解消法
2022（令和4）年　困難な問題を抱える女性への支援に関する法律

＊一部の法律名は略称表記している

Step3

社会福祉の現代的課題

拡大する格差・貧困問題

　近年注目されている社会福祉の問題として、「貧困」の問題がある。かつて日本では、失業やフリーターの問題はほとんど話題にならなかった。しかし、経済のグローバル化や産業構造の転換によって、全雇用に占める非正規雇用の割合が36％を超え、特に若年層の低賃金・不安定就労が問題となっている。

　そのような安定した常勤職と不安定な非常勤職との待遇格差が、生活のあらゆる場面へと連鎖的に拡大し、大きな格差と貧困を生んでいると考えられている。貧困や不安定就労を背景とした精神疾患や自殺、多重債務、住居喪失（ホームレス）、無年金や無保険（年金がもらえない、医療にかかれない）といった深刻な生活困窮問題がみえないところで拡大している。

生活保護と生活困窮者自立支援

　貧困問題に対して、日本ではこれまで生活保護制度を中心とした貧困対策が整えられてきた。生活保護は、それぞれの個人の自立を助長しながら、現金給付によって最低限度の生活を保障する制度である。しかし、制度の利用に対する偏見（スティグマ）が強く、また利用に際して行われる資力調査（ミーンズ・テスト）が複雑かつ選別的であるため、利用しにくい制度になっていると指摘されてきた。生活に困窮する者が福祉事務所に相談に来たとしても、生活保護を利用できるかどうかの相談に終始してしまい、肝心な生活困窮にかかわる諸課題の解決という段階にまで進まないまま、相談や支援が終結してしまうことがあった。

　現在では、生活保護だけに限らない多様な貧困に対する支援への取り組みが地域で展開されるようになった。例えば、「子ども食堂」やホームレスのための緊急シェルターの運営といった独自の支援である。これらの多くは民間事業者や市民ボランティアによって担われ、生活保護による貧困対策のすき間を埋めるようにして、創意工夫されたきめ細かな支援を展開している。

　さらに、生活保護制度の制度上・運用上の諸課題を補い、地域で多様に実践されている生活困窮者のための取り組みを推進するために、2013（平成25）年に生活困窮者自立支援法が制定された。同法は、生活困窮者（貧困に陥るおそれのある者）に対して、地域にワンストップの相談窓口を設け、「伴走型」の支援者が総合的にかかわるしくみを整えた。市民やNPO団体は、「子どもの学習支援」や「就労準

備支援」といった市民参加による地域密着型のサービスを独自に展開でき、同法はそれらのサービス事業者に財政的な支援を行うことができる。この制度によって、地域で活躍する市民・NPO団体と社会福祉の専門職（コミュニティソーシャルワーカー）の役割が広く認識され、地域福祉による貧困対策を充実させるための基礎が築かれたと評価されている。

「地域共生社会」という社会福祉の理念

さらに近年、政府は「地域共生社会」というキーワードを掲げ、政府・自治体と市民・当事者、そしてNPO団体や営利企業のような民間事業者が一体となって展開する地域福祉を推進している。政府は「地域共生社会」を次のように定義する。

「地域共生社会」とは

制度・分野ごとの「縦割り」や「支え手」「受け手」という関係を超えて、地域住民や地域の多様な主体が『我が事』として参画し、人と人、人と資源が世代や分野を超えて『丸ごと』つながることで、住民一人ひとりの暮らしと生きがい、地域をともに創っていく社会

ここで強調されているのは、地域の市民・当事者による「支え合い」＝参加型の活動・実践である。特に世代・分野を超えた「つながり」の構築、あるいは「支える側（支援者）」と「支えられる側（被支援者）」の相互依存性を意識した支援が重視されている。例えば、高齢者は常に「支えられる側」の立場のようにみえるが、子どもの学習支援においては、高齢者は子どもに勉強を教える立場になるので「支える側」となる。このように「支える側」と「支えられる側」は場面によって入れ替わる可能性があり、また、互いの存在があってこそ社会の持続可能性が保たれるということである。

こうして、貧困問題をかかえる当事者と向き合うのは、福祉事務所のソーシャルワーカーだけでなく、対人的な実践にかかわるすべての専門職、そして市民や企業であると理解されるようになった。保育士もまた、生活困窮者の相談・支援を行う重要な担い手として期待されているということである。

かつては、政府が行う公的な社会福祉（生活保護など）に対して、当事者や市民、民間事業者が参加・展開する実践・活動（＝地域福祉）は、いわば対抗的な実践だとみられてきた。だが、近年では後者である地域福祉が「主流化」し、対抗するのではなく、政府の政策そのものになってきたのである（地域福祉の主流化）。

参考文献

● 平岡公一・杉野昭博ほか『New Liberal Arts Selection 社会福祉学』有斐閣，2011.

● 古川孝順・松原一郎ほか編『これからの社会福祉 1 社会福祉概論』有斐閣，1995.

● 蟻塚昌克『入門 社会福祉の法制度——行財政の視点からみた全体図 第 3 版』ミネルヴァ書房，2008.

● 岩崎晋也『福祉原理——社会はなぜ他者を援助する仕組みを作ってきたのか』有斐閣，2018.

● 稲沢公一・岩崎晋也『社会福祉をつかむ 改訂版』有斐閣，2014.

● 金子光一『社会福祉のあゆみ——社会福祉思想の軌跡』有斐閣，2005.

● 松村祥子編『欧米の社会福祉の歴史と展望』放送大学教育振興会，2011.

● 厚生労働統計協会編『国民の福祉と介護の動向 2021／2022』2021.

COLUMN 社会福祉士という資格と仕事

　社会福祉士は、社会福祉の相談・支援を行う日本の社会福祉専門職（ソーシャルワーカー）の資格である。1987（昭和62）年に成立した社会福祉士及び介護福祉士法に基づく社会福祉専門職のための国家資格となっている。

　同法第 2 条において、「社会福祉士とは、社会福祉士の名称を用いて、専門的知識及び技術をもって、身体上若しくは精神上の障害があること又は環境上の理由により日常生活を営むのに支障がある者の福祉に関する相談に応じ、助言、指導、福祉サービスを提供する者又は医師その他の保健医療サービスを提供する者その他の関係者との連絡及び調整その他の援助を行うこと（相談援助）を業とする者をいう」と規定されている。

　注目したいのは、「相談、助言、指導」「連絡、調整」という業務を説明している部分である。社会福祉士は生活相談を行うが、「こころの悩み」を聞くだけでなく、具体的な生活の保障、家族・人間関係やキャリア形成といった環境改善等に向けて助言や支援をしていく。また、今後の生活や人生の展望（計画）を示し、実現に向けた継続的なサポートをする。そのために多様な社会資源、社会制度を活用し、多様な専門職と連絡調整を図りながら、困難をかかえる当事者の生活と人生に総合的にかかわっていく。

　多様な人々の「生きづらさ」にかかわる専門職として、社会福祉士への期待はいっそう高まっている。また、2024（令和 6 ）年度から新たな専門職資格として「子ども家庭福祉ソーシャルワーカー（仮称）」が制度化される予定である。これは社会福祉士・保育士等を基礎資格とし、実務経験や研修を経て資格試験に合格することで認定される。子ども家庭福祉分野で専門性を発揮する新たな専門家として注目されていくだろう。　　　　　（金子　充）

第2講

子ども家庭支援と社会福祉

子どもの育ちを考えるときに、子どもが育つ基盤である家庭および家族の存在を抜きに考えることはできない。子育て家庭にとって最も身近な社会福祉の専門職は保育士である。保育士は子どもの最善の利益を考慮した保育を展開するだけではなく、子育て家庭を支え、地域の社会資源と連携しながら子育てしやすい社会をつくるための支援をしていく役割を担う。

本講では、家庭を支援していくことの重要性について学び、実際の仕事を通して子ども家庭支援について考える。

Step 1

1. 社会福祉の専門職としての保育士

　保育士の資格は、2001（平成13）年に改正された児童福祉法において国家資格となった。児童福祉法第18条の4には「この法律で保育士とは…〔中略〕…登録を受け、保育士の名称を用いて、専門的知識及び技術をもって、児童の保育及び児童の保護者に対する保育に関する指導を行うことを業とする者をいう」と規定された。

　つまり保育士は、従来の子どもに対して直接的にかかわる保育（＝養護と教育）の専門家としての位置づけだけではなく、保護者に対する保育に関する指導（保育指導＝保護者への相談援助活動）を行う対人援助職として明確に位置づけられたのである。これは、子どもの育つ基盤である家庭（とりわけ保護者）を支えていくことが、子どもの最善の利益を守り、子どもの発達保障の観点からも重要であると認識されたことによるものである。保育士の専門性においても、ソーシャルワーク的視点をもって、家庭の機能に支援的にかかわることの重要性が示されたととらえることができる。家庭を保育士が支援していく意義は大きい。

2. なぜ今、子ども家庭支援が必要なのか

　いつの時代でも、子どもは生まれ育った家族（定位家族）から、結婚、出産し自らの選択によって築きあげていく家族（生殖家族）へと循環してきた。子育ての基盤は家庭にあり、それは現代においても、世界各国のさまざまな状況においても変わりはない。しかし、家庭のなかだけで子どもの育成が行われてきたわけではない。保護者（親権者）を中心にきょうだい・祖父母などの近親者、近隣住民・地域住民など、多くの人々が子どもの育ちにかかわってきた。このような親や身内以外の人々とのかかわりのなかで子育ては行われ、特に日本の社会においては家庭のみで行われていることはほとんどなかった。多くの人々が社会的親としてかかわり、子ども自身も多様な人々とのかかわりのなかで、多様な価値観を身近に感じ、学び、成長する機会を得ていた。

　しかし、高度経済成長を経て都市型社会への移行、地方都市・農村部の人口減少、社会・経済的価値観の変化は子育て家庭にも大きな影響を及ぼした。少子高齢化社会の到来は地域の人間関係の希薄化をもたらし、子育て家庭を取り巻く社会状況も変化してきている。三世代同居に代表される拡大家族は減少し、核家族は小規模化し、ひとり親家庭・ステップファミリー（夫婦のどちらかまたは両方に子どもがいて再婚し血縁関係のない親子・きょうだい関係が生じている家族）など、家族

の形態は多様化してきている。この状況は昭和50年代から顕著（けんちょ）となり、現代の子育て中の親は、子ども時代に乳児に触れ、世話をしたり遊んだりするなかで自然に育つ、親となるためのスキルを地域のなかで育むことが非常にできにくい社会で成長してきている。このように、現代の子育て環境は豊かであるとは言いがたい。地域社会の人間関係の希薄化に代表される子育て力の低下は、家族に子育ての負担を一手に負わせることになり、育児不安や子育ての負担感を増大させている。また、女性の社会的自立や社会参画を遠ざけ、子育てを密室化させるだけではなく、子どもを産み育てることへのマイナスイメージをももたらし、少子化の一因ともなっている。

　従来の社会福祉において、家庭への支援は子どもや家族に何らかの問題が生じてから行われており、子どもを保護する必要が生じてはじめて社会の養育機能がはたらくという事後的養護の側面が強かった。子ども家庭支援は、地域の子育て力の低下に対して、子どもと子育て中の家庭を社会が支え、子どもと家族のウェルビーイングを実現していこうとする考え方の福祉である。また、予防的側面をもって子どもの最善の利益を保障していこうとするものでもある。現代において社会的親の役割を担っている専門家が保育士である。

3. 子どもの最善の利益を尊重する子ども家庭支援

　「子どもの最善の利益」という言葉が広く認識されるようになったのは、1989年の「児童の権利に関する条約」（児童の権利条約）が国連で採択され、日本が批准（ひじゅん）した1994（平成6）年からである。この条約では、子どもには「生きる権利」「育つ権利」「守られる権利」「参加する権利」の4つの権利があり、「子どもの最善の利益」を考えるとき、子どもを大人と同様に権利をもっている一人の人間として尊重（そんちょう）し、受動的権利（成長発達を社会的に保護される権利）と能動的権利（自分を表現したり意見を主張したりするなど、自由に行使することができる権利）の双方が侵害されないようにサポートすることを重視している。つまり、子どもの生存・成長発達を最優先としつつ、個々人の具体的ニーズや欲求が満たされ、自己実現が優位に展開されることを実現していこうとするものである。子ども家庭支援の考え方も同様であり、子どもが今をよく生き、社会的に自立した存在へと成長していくにあたっての環境を整える営みである。いいかえれば、子どもの健やかな発達を保障するために、一番影響力の大きい環境である家庭・地域社会にはたらきかけるという社会福祉の活動といえる。

第2講　子ども家庭支援と社会福祉

4. 子ども家庭支援のめざすもの

　子どもは、保護者（家庭と家族）や地域社会、さらに社会制度に守られ育まれる。特に子どもが低年齢であればあるほど家庭の影響は大きい。このことは、子どもに対する直接的な支援に加えて、保護者（家庭と家族）への支援を通して、間接的に子どもの福祉が実現されることを物語っている。家庭が適切に機能しなければ子どもの成長発達は阻害され、ときには命を育む観点からリスク要因とさえなりうる。

　子ども家庭支援は、子どもの最善の利益を実現していくことを念頭におきながら、子どもとその家族双方のウェルビーイングの実現をめざして行われる。つまり、保育者の行う子ども家庭支援は、子どもとの関係を軸に家庭の構成員全員のウェルビーイングを実現していく営みである。子どもへの支援は、子ども自らが成長する主体であるととらえ、子ども自身がもっている力を十分発揮できるように環境を整えるものである。また、保護者を子育ての主体ととらえ、親として成長していくプロセスを支援していくことでもある。

　子ども家庭支援を行うことにより、今現在、目の前にある家族の問題を解決することで、結果的に子どもの発達と親としての成長をうながすことができる。親子が今後独り立ちしていくにあたっての対処能力を身につけることができるように支援し、家庭と地域の社会資源とを結びつけることにより、地域の一員として自立できるように支援していくことをめざすものである。

子ども家庭支援の方法

　保育者の子ども家庭支援は、まず、①子どもを支援する（保育力）、②親を支援する（相談・援助力）、③親子関係を支援する（人間関係力）、④子育てしやすい地域社会づくりを支援する（地域連携力）、という4つの視点から行われることが必要である（**図表2-1**）。

（1）子どもを支援する

　保育者は、何といっても子どもの支援において専門性を発揮することができる。そのためには豊かな保育力が求められる。子どもの最善の利益を実現するための支援がその中心となり、児童福祉施設および子育て支援の拠点事業等さまざまな場において、子どもの支援を軸に家庭への支援が展開される。子どもの的確な把握に基づく子ども理解（共感的理解・客観的理解）をもとに支援が行われる。これは、社会福祉援助技術におけるアセスメントに相当し、そのうえで支援計画（この場合は

図表2-1 保育者が子ども家庭支援を行う際の
子どもと家族および地域社会との関係図

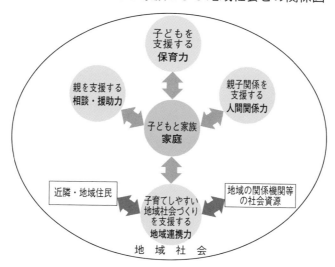

保育における指導計画）が作成される。

（2）親を支援し、親子関係を支援する

　親への支援は、保育者の保護者（家族）に対する相談・援助活動を中心に展開される。そのためには、親を支援する相談・援助力が必要となる。保育における相談・助言等は、社会福祉援助技術におけるバイステックの7原則を理解し、応用していく姿勢が求められる。さらに人と人とをつなぐ、コミュニケーション力、人間関係力が求められる。

（3）子育てしやすい地域社会づくりを支援する

　子育て家庭は、地域のなかで生活している。親子が地域で自立した生活を送るためには、家庭を地域の社会資源に結びつけることが必要となる。それぞれの関係機関が子どもと家族のどの部分にはたらきかけていくのか、家族（当事者）も交えて支援のあり方を探り、計画を立てていくことが肝要である。支援者が地域の社会資源をよく理解し、関係機関と相互連携を図り、家族に必要な情報を提供していくことが求められる。そのために、地域連携力が必要となる。

　さらに、子育てしやすい環境づくりのために何が必要なのか、どのような地域社会の構築が求められるのかを検討し、関係機関とネットワークを組み、保育者の専門性を発揮していくことが重要となる。しかし、地域で問題をかかえている家族が孤立し、その存在を把握できていない要素も否めない。そこで、アウトリーチの視点からも子育てしやすい地域社会づくりをめざす活動が重要となる。

Step2

1. 保育所等を中心とした子ども家庭支援

　保育所は保育を必要とする乳幼児の保育を行うことを目的とする施設（児童福祉法第39条）であり、さらに、地域の住民に対して保育に関する情報の提供を行い、乳幼児等の保育に関する相談に応じ、助言を行うよう努めなければならないとされている（同法第48条の4第1項）。また、保育士はそのために必要な知識および技能の修得、維持および向上に努めなければならないとされている（同条第2項）。貧困家庭や外国籍の家庭および子どもの障害や発達に不安をかかえる家庭への支援、児童虐待の発生予防および発生時の迅速かつ的確な対応など、地域のなかで最も身近な児童福祉施設である保育所等の役割は、より重要性を増している。

　2021（令和3）年12月に報告された「地域における保育所・保育士等の在り方に関する検討会 取りまとめ」においても、地域全体で子育て家庭を支えていく際に、未就園児の0～2歳児への支援に強みをもつ保育所・保育士が保育の専門家として役割を担っていくことが求められている。特に、地域の身近な相談先として継続的に「かかりつけ相談機関」の役割が担えるように地域の基盤を整備し、巡回支援事業等で保育経験者のスキルを地域支援の力として活用できるようにしていくことなどがあげられている。さらに、児童虐待の相談件数の増加の背景には、地域の人間関係の希薄化等により「孤育て」を強いられる状況が指摘されている。一時預かり事業等のレスパイト・リフレッシュ目的の利用を促進することにより、託児的な役割だけではなく、多様なニーズをかかえた未就園児の親子が地域の支援につながる機会となるだろう。発達支援や配慮が必要な親子の支援として、インクルーシブ保育、医療的ケア児の保育実践も期待されているが、地域の多機関連携・協働を見すえて、役割を的確に分担し、取り組んでいくことが必要である。

こども家庭庁とこども基本法

　2023（令和5）年4月から、内閣府の外局としてこども家庭庁が設置され、こども基本法が施行される。

　こども家庭庁は、子どもの最善の利益を第一に考え、子どもの視点で、子どもを取り巻くあらゆる環境を視野に入れ、子どもの権利保障とすべての子どもの健やかな成長、ウェルビーイングの向上を社会全体で後押ししようというものである。子どもの年齢においても従来の18歳という特定の年齢で区切ることなく、年齢の壁をなくし、切れ目のない包括的支援を行い、子どもや若者が円滑に社会生活を送れるようになるまで伴走するとしている。

具体的には、「待ちの支援」から「予防的なかかわり」を強化するとしている。妊娠出産期の母子保健、成育医療から、就学前のすべての子どもの育ちの保障、相談対応や情報提供の充実、すべての子どもの居場所づくり、社会的養護の充実や自立支援、子どもの貧困対策、ひとり親支援、障害児支援、子どもの安全、切れ目のない包括的支援等があげられている。

しかしながら、就学前の幼保一元化は行わず、現状どおり3施設（幼稚園・保育所・認定こども園）のままの体系を維持していく。こども家庭庁は強い指令機能をもち、各省庁の壁を越えて、子どもと家庭の権利・教育・福祉・保健の向上等に対し力を発揮するとしている。

こども家庭庁の創設後も、保育関連施設の子育て支援に関しては、「保育所保育指針」および「幼保連携型認定こども園教育・保育要領」の「第4章　子育て支援」に明記されているように、地域の子育て支援の拠点としての社会的役割を果たすとしている。また、幼稚園に関しても「幼稚園教育要領」の「第3章　指導計画及び教育課程に係る教育時間の終了後等に行う教育活動などの留意事項」に、入園する子どもの保護者や地域の子育て家庭の支援が明記されていることをふまえ、地域における幼児期の教育センターとしての役割を果たしていくことが求められている。

保育所等の支援の実際

保育所では、入所している子どもの保護者に対して、日々の保育業務のなかのさまざまな機会を活用して支援を行っている。まず、保護者の仕事と子育ての両立支援として、延長保育・休日保育・夜間保育・病児保育等の多様な保育の実施があげられる。保護者の生活そのものを支援しつつ、子どもの最善の利益を指向し子どもの福祉を尊重した支援を行っている。地域の在宅子育て支援としては、保育所機能の開放、子育てに関する相談援助、子育て家庭の交流の場の提供・促進、子育てに関する講座、一時保育等を実施している。地域の子育て支援の拠点としての役割を担い、市区町村の関連機関との連携のもと、地域子ども家庭支援の核となることがよりいっそう期待されている。

保育における相談援助活動は、子どもの最善の利益を保障することをその目標の1つとし、子どもの成長をともに喜び合う子育てパートナーとしての立場で行うものであり、保育者の専門的技術を活用して行われるところにその特徴がある。専門的技術とは、①子どもの成長・発達を援助する技術、②子どもが自ら生活する力を助ける生活援助の技術、③物的・人的・自然環境を構成していく技術、④遊びを豊

かに展開する技術、⑤子ども同士や保護者との関係を構築していく技術、⑥保護者等への相談助言の技術であり、保育所保育指針解説にも明示されている。以上のような保育の専門性を活かし、保護者との信頼関係を構築するためには、保育者が子ども一人ひとりをよく理解していることが基本となる。保護者は、わが子を尊重し理解する保育者に対して信頼感を深めていく。これは、親からは見えない子どもの育ちを見える形にして提示し、子どもへの理解を深めてもらい、親子関係を修復し、再構築する援助活動でもある。保育者は、子どもと保護者（親）の両者の言葉にならない思いに気づき、代弁する専門職としての役割を発揮していかなければならない。

個人を対象とした支援

　保育における個別支援は、日常の保育のなかで行われる相談援助活動である。まず、保護者と保育者が直接顔を合わせ、気軽に相談できる子どもの送迎時（そうげいじ）があげられる。さらに活用できるものとして、連絡帳、個人面談、家庭訪問などがある。いずれにおいても、相互の信頼関係をもとに傾聴（けいちょう）し、受け止め、承認し、勇気づけながら疑問にこたえ、保護者の自己決定をうながしながら子育てへの自信を回復させたり、意欲を高めて保護者の力を引き出したりしていく。その際には、エンパワメントやストレングスの視点が求められる。子どもに障害や発達上の課題がみられるときや、外国籍家庭などの特別な配慮を必要とする家庭で育児不安がみられるときには、関係機関と連携し、保護者の個別の状況に配慮したていねいな支援が求められる。保護者による不適切な養育や虐待が疑われる場合には、要保護児童対策地域協議会で検討するなど、市区町村における連携が重要となる。

集団を対象とした支援

　集団援助活動は、保育参観・体験保育、行事の場等において保育者の行動見本を提示し、保護者の子どもへの理解を深め、子育ての喜びや楽しさを提供し伝える支援の方法である。また、保護者懇談会（ほごしゃこんだんかい）・グループ面談などを通し、保護者同士の相互の力を利用し援助していく。集団を対象とした支援では、保護者の意見を常に尊重しながら保護者同士で学び合えるよう、保育者はファシリテーターとして配慮することが必要である。そのほか、園（施設）便り等の文書を通して保育者から情報を発信する支援が考えられる。写真・動画・ブログ等さまざまなSNSを駆使しての情報提供が考えられるが、一方的な情報発信ではなく相互方向性のある援助手段と守秘義務（しゅひぎむ）・秘密保持に対する保育者としての倫理が求められる。

2. 要保護児童とその家庭への支援

　要保護児童とは、「保護者のない児童又は保護者に監護させることが不適当であると認められる児童」（児童福祉法第6条の3第8項）をいう。さらに、要支援児童とは、「保護者の養育を支援することが特に必要と認められる児童」である（同条第5項）。子ども家庭支援では、予防的な意味を含め、虐待的な環境にある子どもとその家庭への支援を考えていかなければならない。

　保育者が要保護児童の家庭支援を行うのは2つのケースが考えられる。1つは保育所、子育て支援の現場で保護の必要性を把握し、支援していく場合である。もう1つは、児童養護施設や乳児院等において、担当者として保護された子どもとその家族を支援していく場合である。いずれにおいても、親子関係の支援と家庭の養育機能に向けた支援が必要であり、関係機関との連携協力なしには行えない。

乳児院における子ども家庭支援

　乳児院の入所状況をみると、保護者の死亡や行方不明による入所は減少し、保護者の精神疾患や虐待による入所が増え、施設によっては7割以上の比率を占めるようになってきている。そのため、入所児童が心身の発達の問題や障害、疾病等の難しい問題を乳児期からかかえているケースが多くなっているのが現状である。

　子どもの支援においては、発達の著しい時期であり、アタッチメント（愛着）関係など特定の大人との関係が重要である。一人ひとりの愛着や信頼関係の構築を中心においたきめ細やかな対応と、障害や疾病に対する個別的な対応が求められる。

　保護者への支援は、親子関係を調整することを念頭におきながら、授乳、離乳食、おむつ交換、あやし方等の子育ての技術を伝え、保護者の負担感を軽減しつつ養育力の向上に努めていく。人生において親子関係の基礎をつくる大切な時期であるだけに、保護者としての成長をうながし、子どもとのかかわりをていねいにサポートしていく必要がある。家庭復帰に向けて、家庭支援専門相談員、心理療法担当職員とともに、子どもと家族の絆づくりを中心にした子ども家庭支援を行うことが必要となる。状況によっては子どもと保護者との距離が遠ざかり、面会、連絡などの交流も希薄になるため、児童相談所などの関係機関との連携のもと支援を進めていく。また、退所後の子どもと家庭への支援が義務づけられており、虐待や保護者の精神疾患、経済的理由などの対応として、地域の児童相談所、市町村の家庭児童相談室、市町村保健センター、保育所等と連携協力しながらフォローアップしていく必要がある。

乳児院には、地域のなかで子育て支援機能を発揮することも求められている。地域で親子同士がふれ合い、交流する場の提供等を通して、子育て相談にのり、子育てサークルを支援する等、地域の子育て家庭に向けた活動も実践されている。

児童養護施設における子ども家庭支援

　児童養護施設の入所理由をみると、近年、両親の死亡・行方不明は少なく、その他を含めても２割に満たない。親はいながらも、虐待、放任、養育拒否、経済的理由、精神疾患、離婚など、入所の背景は複雑化してきている。入所児童の65％以上がさまざまな虐待を受けてきており、何らかの障害をもつ子どもも35％以上に上るのが、ここ最近の傾向である。入所児童は自己肯定感が低く、試し行動などさまざまな発達上の課題をかかえて生活していることが多いため、子どもができる限り家庭的な環境と安定した人間関係のもとで育つことができるように、小規模グループケアやグループホームでの家庭的養護を推進し、個別性を尊重したかかわりを大切にしている。

　家庭への支援においては、親子再統合後も子どもが安定した家庭生活を送れるように、措置解除後も自治体・児童相談所・他機関と連携し、退所後の自立支援にも積極的に取り組んでいる。

乳児院・児童養護施設における里親支援

　家庭養育優先の原則のもと、里親による養育体制の整備は喫緊の課題の１つである。特に、2017（平成29）年の「新しい社会的養育ビジョン」では、おおむね５年以内に３歳未満の要保護・要支援児童の里親委託率75％以上の実現を目標にあげているが、現時点では非常に厳しい状態にある。また、「里親支援センター」が児童福祉施設として児童福祉法に位置づけられる（2024（令和６）年４月施行）。里親の普及啓発、里親の相談に応じた必要な援助、入所児童と里親相互の交流の場の提供、委託児童等の養育の計画作成といった里親支援事業、里親や委託児童等に対する相談支援を行う等の充実が、児童養護施設等の子育て支援機能として整備されつつある。

地域の子育て支援充実に向けての体制強化と整備

「こども家庭センター」の設置

　市区町村は、妊娠期から切れ目のない包括的支援をめざして、「こども家庭センター」を設置し、妊産婦・子育て世帯・子どもへ一体的に相談支援を行う体制強化

を図ろうとしている。従来からある母子保健分野の子育て世代包括支援センターと児童福祉分野の子ども家庭総合支援拠点を統合して、さらにスムーズな支援の連続性を図る取り組みである。こども家庭センターは、実情把握から情報提供、相談支援活動を行うとともに、支援を要する子どもや妊産婦等へのサポートプラン（支援計画）の作成も担うことになる。関連機関との情報共有や調整を行い、地域の子育ての民間社会資源（子ども食堂や居場所づくり、学習支援等のNPO法人）を把握し、支援メニューにつなげることも期待されている。

児童発達支援センターの役割・機能の強化

　主に未就学の障害児の発達支援を行う児童発達支援センターが地域における障害児支援の中核的役割を担い、地域社会への参加・包容（インクルージョン）推進の中核として機能する。さらに児童発達支援センターの福祉型・医療型を一元化し、障害の種別にかかわらず、身近な地域で必要な発達支援を受けられるようにする。

地域子育て支援拠点事業

　地域子育て支援拠点事業は、市区町村の子ども・子育て支援事業として位置づけられている。活動内容としては、乳幼児およびその保護者が相互交流を行う場所を開設し、①子育て親子の交流の場の提供と促進、②子育て等に関する相談・援助の実施、③地域の子育て関連情報の提供、④子育ておよび子育て支援に関する講習等の実施の4つの基本事業を中心に展開される。この事業は、さまざまな立場の児童福祉施設や実施主体がかかわりながら地域の潜在的な子育ての力を発掘し、地域全体の子育て力を高めることが期待されている。

　市区町村における子育て家庭への支援の充実として、「子育て世帯訪問支援事業」（訪問による生活の支援）、「児童育成支援拠点事業」（学校や自宅以外の子どもの居場所支援）、「親子関係形成支援事業」（親子関係の構築に向けた支援）が地域子ども・子育て支援事業として位置づけられ、養育支援訪問事業では補えなかったヤングケアラーの問題等にも対応できる側面もある。子育て短期支援事業や一時預かり事業は内容拡充が図られるなど、支援体制の法的な整備が進みつつある。

Step3

1. 地域の子育て家庭への支援活動

社会資源

　子ども家庭支援は地域の社会資源と連携して進めていくことが必要である。子育て家庭のかかえるさまざまなニーズに対して、何らかの支えや助けを提供することができる制度、機関・施設・組織、人、技術、知識、資金、物資等のすべてを社会資源としてとらえることができる。社会資源について考えるとき、制度化されているフォーマルな社会資源（法律・制度・専門的な機関・公的な人的資源）に目が向きがちであるが、インフォーマルな人的社会資源（家族・友人・近隣住民）や資源を利用するための交通手段・情報なども広義の社会資源ととらえられる。支援者は社会資源をしっかり把握し、子育て中の家庭が今ある資源を自ら選び、利用できるようにサポートするだけではなく、個々のケースに合わせて社会資源を開拓するための地域連携力を身につけていくことが望まれる。

2. 子ども家庭支援の今後の課題

必要な支援が必要な家庭に届くための体制構築と地域連携

　必要な支援が本当に必要な子どもとその家庭に届くためには、利用しやすい情報の提供とサポートにかかわる支援者の質の向上があげられる。子どもの人権に関する日本社会の意識は変化しつつあるが、子どもの養育に関してはまだ私的な営みという認識が強く、子育てのSOSを出しにくい風潮が広がっている。アウトリーチの方法（訪問支援）や保育コンシェルジュの有効活用など、法整備も含め改善されつつあるが、さらなるSNSの活用等、双方向型の情報発信・交換を地域の実情に応じて工夫する必要がある。市区町村の情報の発信力・取り組みに対する意識・財源の差が、子育て支援の格差にも表れている。

　また、地域の子どもの支援にかかわる保育者や子育て支援員が、制度や社会資源を十分に理解していないという課題もある。地域の支援の状況を把握することができる学習の場の保障と一人ひとりの意識の向上が求められる。地域の子育て力を向上させていくためには、妊娠期から切れ目のない支援を行うだけでなく、学校での家庭科教育を通して小学生や中高生が地域子育てを体験することで、地域の次世代育成の循環が期待できる。

子ども家庭支援の主役は子ども

　子どもの権利擁護の環境整備を行うことは、子どもの権利条約批准以降も引き続き大きな課題である。「私たち抜きに私たちのことを決めないで」という当事者からの声は、障害者だけの問題ではなく、あらゆる立場の子どもの意見表明の問題でもある。令和4年度の児童福祉法の改正においても、子どもの権利擁護にかかる環境整備を都道府県の業務として位置づけている（2024（令和6）年4月施行）。また、年齢、発達の状況、子どもの事情に応じて意見聴取し措置を講じなければならないとし、意見表明支援員（子どもの福祉に関して知識・経験を有する者）が意見や意向を把握するとしている。

　大切なことは、子どもの意見表明権が法的に保障されるだけではなく、子ども自身が安心して語り、人権が考慮される環境を整えることである。子どもの人権を尊重する0歳からの保育・教育の実践により、子ども自身の自己肯定感や権利意識を育んでいく必要がある。しかし、現場においては不適切な保育や子どもの人権に配慮されていない教育が散見されており、現場における意識改革が今後の課題の1つである。

子ども家庭支援にかかわる人材の育成

　OECDの幼児教育・保育の国際比較の調査報告書（2018年調査、対象9か国）では、「保育者は社会的に高く評価されていると思う」と回答した割合は、日本の保育者は一番低く（31.4％）、子どもからの評価および保護者からの評価も調査国中最も低かった。それは所得の質とも関連している。日本は給与および雇用条件の両方において、参加国中2番目に低い満足度であった。近年、保育士はエッセンシャルワーカーとしてなくてはならない職業と認識されつつあるが、まだ評価はともなっていない。

　令和4年度の児童福祉法の改正にともない、子ども家庭福祉の実務者の専門性の向上を図るために認定資格を導入し、児童福祉法に位置づけることになった（2024（令和6）年4月施行）。相談援助や保護者対応の一定の実務経験のある者や保育士が、ソーシャルワークや子ども家庭福祉研修を受講し、試験を受けて認定資格を取得するというものである。

　保育者が支援者として専門性を発揮するためには、働きやすく持続可能な勤務形態・労働対価が必要であり、保育者自身が尊重される環境の整備や保育の質の向上のための体制づくりを社会全体で取り組んでいくことが必要である。

参考文献

● 国立教育政策研究所編『幼児教育・保育の国際比較：OECD 国際幼児教育・保育従事者調査2018報告書――質の高い幼児教育・保育に向けて』明石書店，2020.

● 厚生労働省編『保育所保育指針解説』フレーベル館，2018.

● 内閣府編『こども政策の新たな推進体制に関する基本方針について』2021.

● NPO 法人子育てひろば全国連絡協議会編，渡辺顕一郎・橋本真紀編著『詳解 地域子育て支援拠点ガイドラインの手引 第 3 版』中央法規出版，2018.

● 大豆生田啓友・三谷大紀編『最新保育資料集2022』ミネルヴァ書房，2022.

● 文部科学省『幼稚園教育要領解説 平成30年 3 月』フレーベル館，2018.

● 厚生労働省子ども家庭局「地域における保育所・保育士等の在り方に関する検討会取りまとめ」2021.

● 厚生労働省子ども家庭局「子どもの権利擁護に関するワーキングチーム とりまとめ」2021.

● 厚生労働省「保育の現場・職業の魅力向上に関する報告書」2020.

● 内閣府「子供・若者の意識に関する調査」2021.

● 秋田喜代美・馬場耕一郎監，矢萩恭子編『保育士等キャリアアップ研修テキスト 6 保護者支援・子育て支援 第 2 版』中央法規出版，2020.

● 厚生労働省「令和 3 年度 社会保障審議会児童部会社会的養育専門委員会 報告書」2022.

● 妹尾正教・関山隆一ほか「〔特集 2 〕地域に開かれた園へ」『発達166』ミネルヴァ書房，2021.

● 「〔特集〕学ぼう「地域共生社会」～地域の中の園の役割～」『保育の友』2021年 9 月号，2021.

COLUMN 児童の健全育成のための子ども家庭支援

　共働き家庭にとって、子どもの小学校入学と同時に放課後の過ごし方が課題となり「小 1 の壁」といわれてきた。その対応として「放課後児童クラブ」（従来の学童保育）がある。しかし、都市部においては待機児童も発生している。そこで放課後子ども教室と一体的な運営を図り、「新・放課後子ども総合プラン」として、共働き家庭への支援だけではなく地域全体の子どもの育ちの支援へと転換を図ってきた。今後は、学童期の児童と家族の支援だけでなく、中高生の居場所づくりへの広がりが期待される。

　一方、放課後等デイサービスは、障害のある児童を対象として放課後等に預かり、一人ひとりの状況に応じた発達支援を行う事業である。小・中・高校と特別支援学校に通う障害のある児童が対象という限定的な運営であったが、児童福祉法の改正にともない、専修および各種学校の児童も対象になり発達支援をともなう居場所が確保できるようになった（2024（令和 6 ）年 4 月施行）。障害のある児童の地域の居場所づくりに関しては、医療的ケア児の対応や、職員の研修の充実などによる質の向上も含め、さらなるサポート体制の整備を期待したい。

（西 智子）

第3講

社会福祉の制度と法体系

日本には社会福祉の制度や法律が数多くあり、複雑に入り組んでいる。本講では、日本の社会福祉の法制度の体系を整理し、制度・法律の種類、位置づけ、役割について基礎知識を身につける。

次に、保育にかかわるうえで知っておくべき主要な社会福祉の制度・法律について、そのポイントとなる内容の理解を深める。

最後に、事例をみながら、社会福祉の法制度をどのように活用して具体的な支援を展開すべきかについて考える。

Step1

1. 社会福祉における法律と制度

法律の役割

　社会福祉事業として行われるサービスは、法律によって規定されている。法律によって「やれること／やれないこと」が決められていたり、「やらなければならないこと」が決められていたりする。

　例えば、虐待を受けていると思われる児童を発見した者は、速やかに市町村や児童相談所に通告しなければならないことが「児童虐待の防止等に関する法律」（児童虐待防止法）に定められている。したがって、発見したにもかかわらず通告をしない場合は、法律違反となってしまう。これを「法律によって守られている」ととらえることもできるし、「法律に縛られている」ととらえることもできる。このように、法律は、社会福祉事業等の運営、職員の業務内容や行為、罰則、利用者の権利や義務などを規定している。

　法律に規定されていないと思われるボランティア活動や社会貢献活動を行う場合であっても、その活動や実践が何かの法律と関係する（あるいは法律に触れる）ことがある。例えば、注射を打つ行為は医師や看護師にしかできないし、一般市民が児童や障害者を社会福祉施設に入所させる決定を行うことはできない。

　法律を知らなければ、社会福祉の仕事はほとんど何もできないといわれることがある。確かに、先述の例のように、法律を知らずに社会福祉の仕事にかかわると危険なことがたくさんある。そのため、法律をよく学んだうえで利用者や家族とかかわることが強く求められる。

法律と制度の違い

　法律と制度は、イコールで結ばれるものではない。法律のなかで規則や手続きが制定されていたとしても、その法律に定められている内容そのものと、法律の規定に基づいて実際に展開されているものの中身が大きく異なることがある。

　例えば、保育所で実践されている子育て支援のサービスは、法律上は児童福祉法に規定される児童福祉施設である保育所において実施されることになっている。しかし、実際に展開されているサービスは、福祉事務所や児童相談所、子育て支援センター、地域の児童委員などが連携しながら関連機関、施設、専門職のネットワークのなかで展開されている。また保育所では、看護師が働いていたり、給食を用意する調理師や栄養士が働いていたりするが、それぞれの専門職にはそれぞれの仕事

図表3-1 保育所という制度

保育所を規定する児童福祉法

児童憲章
児童の権利に関する条約 →

職員の労務管理
（労働基準法等）→

施設経営
（法人税法等）→

← 福祉事務所のかかわり
（社会福祉法）

← 児童委員のかかわり
（民生委員法）

← 児童虐待への対応
（児童虐待防止法）

保育所

を規定する（児童福祉法とは別の）法律がある。そのような専門職が連携し合って、子育て支援のサービスが成り立っている（**図表3-1**）。

　このように、文字どおり法律に定められていることと、法律が実質的に規定する社会福祉サービスの総体（実際に展開されるもの）には違いがあり、後者を「制度」と呼ぶことができる。それは、社会福祉の1つのサービスが1つの法律によって定められているとは限らないということでもある。

2. 日本の社会福祉の法体系

社会福祉の法体系の複雑さ

　日本の社会福祉の法律の体系は複雑なものになっている。なぜならば、社会福祉のしくみは長い年月をかけてつくられ現在の形になったものであり、一貫した目的をもった1つの法律によって短期間のうちに完成したわけではないからである。

　つまり、法体系は歴史的な蓄積によるものであり、それぞれがつくられた時代の政策理念や時代背景に大きく影響を受けて成り立っている。別の言い方をすれば、法律は、常に異なる目的や機能をもつ複数の法律によって体系化されているのである。そのため、法体系を理解するときに、社会福祉の歴史を追いながら学ぶのは有意義なことである。

第3講　社会福祉の制度と法体系

「社会保障制度に関する勧告」が示した社会保障の体系

　第2次世界大戦後に制定された日本国憲法は、第25条において「すべて国民は、健康で文化的な最低限度の生活を営む権利を有する」とし、いわゆる生存権を規定している。それは最低限の「生存ライン」を保障するということではなく、「健康で文化的な」と謳っており、ここでいう最低限度の生活とは、絶対的貧困ではなく相対的貧困だということを意識して理解すべきであることを表している。

　また、同条第2項では「国は、すべての生活部面について、社会福祉、社会保障及び公衆衛生の向上及び増進に努めなければならない」と定めている。これは、国が社会福祉を実施する義務をもっていることを意味している。これらの規定は、社会福祉において最も重要かつ基本的な理念であると考えられており、政府が社会福祉の推進に努めなければならない根拠として理解されている。

　これを受けて、1950（昭和25）年に社会保障制度審議会は「社会保障制度に関する勧告」（通称「50年勧告」）のなかで、社会保障制度の4つの部門（社会保険、公的扶助（原文は「国家扶助」）、公衆衛生及び医療、社会福祉）を整理してその体系を示した（**図表3-2**）。

　ここでいう部門とは、制度のまとまりを示したにすぎず、個別の制度や法律について区分したわけではない。**図表3-2**のとおり、社会保障の体系は、その目的と方法の組み合わせによって各部門に分けられていることがわかる。「社会保険」は、保険方式で実施される所得保障やサービス、「公的扶助」（「社会扶助」といいかえてもよい）は、税方式で実施される所得保障や各種手当、「公衆衛生及び医療」は保健・医療サービス、「社会福祉」（狭義）は、対象別の社会福祉施設やサービスを表している。主に前二者は「所得保障給付系」、後二者は「生活障害給付系」と区別できる。

図表3-2　「50年勧告」における社会保障制度の4部門

社会保険	年金保険、医療保険、介護保険、雇用保険、労災保険
公的扶助	生活保護、社会手当
公衆衛生及び医療	保健事業、感染症対策、公費負担医療など
社会福祉	高齢者福祉、障害者福祉、児童福祉など

社会保障の目的別による法体系整理

　「50年勧告」以降、社会福祉（狭義）の法制度の体系は、「児童福祉」「障害者福祉」「高齢者福祉」といった形で対象別の制度として発展し、理解されてきた歴史がある。そのため、日本の社会福祉の法制度体系は「対象別」の法律によって区分、整理することが一般的となっている。

　しかしここでは、こうした対象別の（狭義の）社会福祉の法体系の整理にとどめずに、別の枠組みでもう少し広い視点から「社会保障」全体の法体系を確認してみたい。**図表3-3**は、社会保障の法体系を「目的別」に整理したものである。

　この整理は「目的別」による法律の整理となっているため、まずは大きな区分として、「所得保障」「健康保障」「自立支援保障」という3つに分類している。「所得保障」には、生活保護法や国民年金法、児童手当法などの法律が含まれ、金銭給付によって所得を保障するものとして分類される。「健康保障」の中心は、医療や健康に関する法律であるが、医療だけでなく、リハビリテーション、精神保健福祉なども含まれる。最後の「自立支援保障」は、内容的に最もボリュームがあり、児童福祉法や身体障害者福祉法といった狭義の「社会福祉」の多くを含む「生活自立支援保障」と、就労支援サービスや「障害者の雇用の促進等に関する法律」「ホームレスの自立の支援等に関する特別措置法」などの「労働自立支援保障」の2つに区別される[*1]。

第3講　社会福祉の制度と法体系

図表3-3　社会保障の目的別法体系

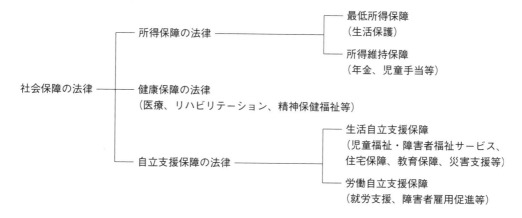

[*1]　河野正輝「社会保障法の目的理念と法体系」日本社会保障法学会編『講座社会保障法① 21世紀の社会保障法』法律文化社，p.23，2001．を一部改変。

Step2

社会福祉の法制度の種類と具体的内容

社会福祉法 （1951（昭和26）年制定）

社会福祉法は、社会福祉の共通基盤について規定している法律である。行政の権限や裁量によって社会福祉事業が実施されていたことをあらため、利用者の視点に立った質の高いサービスを提供するしくみにすることを目的に、1951（昭和26）年に制定された社会福祉事業法が2000（平成12）年に社会福祉法に改正された。

社会福祉法は、社会福祉を目的とする事業の全分野における共通的基本事項を定め、福祉サービスの利用者の利益の保護および地域における社会福祉（地域福祉）の推進を図るとともに、社会福祉事業の公明かつ適正な実施の確保および社会福祉を目的とする事業の健全な発達を図り、もって社会福祉の増進に資することを目的としている。

この法律では、「社会福祉事業」として、第1種社会福祉事業および第2種社会福祉事業を規定している。また、福祉サービスの基本的理念、地域福祉の推進、国および地方公共団体の責務について定めているほか、社会福祉審議会、福祉事務所、社会福祉主事、社会福祉法人、社会福祉協議会、および福祉サービスの適切な利用に関する条項や社会福祉従事者に関する条項等を規定している。

民生委員法 （1948（昭和23）年制定）

民生委員は、厚生労働大臣から委嘱（特定の仕事を依頼）された非常勤の地方公務員であり、社会福祉の増進のために、地域住民の立場から生活や福祉全般に関する相談・援助活動を行っている。民生委員法では、民生委員は社会奉仕の精神をもって、常に住民の立場に立って相談に応じ、必要な援助を行い、社会福祉の増進に努めるものとされている。

民生委員は児童委員を兼ねている。児童委員は、地域の子どもたちが元気に安心して暮らせるように、子どもたちを見守り、子育てをする親の不安や妊娠中の心配ごとなどの相談・支援等を行う。また、一部の児童委員は、児童に関することを専門的に担当する「主任児童委員」の指名を受けている。

福祉六法

「福祉六法」は、社会福祉の法体系が形成される初期の段階（1947（昭和22）年から1964（昭和39）年まで）につくられた対象別の社会福祉の基幹的な6つの法律

を指している（**3ページ参照**）。制定順に古い３つを福祉三法と呼ぶこともある。

　福祉六法は、あくまで1960年代までにつくられた対象別の社会福祉事業に関する法律の一部を示しており、社会福祉の法律が拡大的に整備された現代においては、六法だけが社会福祉の「主要な法律」であることを意味しているわけではない。

子ども・家族に対する社会福祉の法制度

　子ども・家族に対する社会福祉の法制度としては、児童福祉法（1947（昭和22）年制定）、母子及び父子並びに寡婦福祉法（1964（昭和39）年制定）、母子保健法（1965（昭和40）年制定）等が重要な役割を果たしている。これらに、児童扶養手当法（1961（昭和36）年制定）、特別児童扶養手当等の支給に関する法律（1964（昭和39）年制定）、児童手当法（1971（昭和46）年制定）を加えたものを、一般に「児童福祉六法」と呼ぶ。

　また、近年では、子どもに対する暴力や虐待、少子化といった問題を背景に、児童福祉六法に加えて、子どもや家族に対する新たな社会福祉の法制度が相次いでつくられている。具体的には、「児童買春、児童ポルノに係る行為等の規制及び処罰並びに児童の保護等に関する法律」（児童買春・児童ポルノ禁止法）、「児童虐待の防止等に関する法律」（児童虐待防止法）、「配偶者からの暴力の防止及び被害者の保護等に関する法律」（DV防止法）、次世代育成支援対策推進法、少子化社会対策基本法、子ども・子育て支援法等をあげることができる。

　さらに、困難な問題を抱える女性への支援に関する法律が2022（令和4）年に制定され、2024（令和6）年4月から施行される。これまで、ドメスティック・バイオレンス（DV）、性暴力、貧困、家庭破綻等のさまざまな困難をかかえた女性の支援については、「婦人相談所」「婦人保護施設」等の婦人保護事業を規定する売春防止法によって対応が行われていた。これらの機関・施設を「女性相談支援センター」「女性自立支援施設」へと名称を変更し、困難な問題をかかえる女性への支援等を拡充させることを目的としている。

その他の社会福祉の法制度（図表3−4）

（1）身体障害者福祉法（1949（昭和24）年制定）

　身体障害者の自立と社会経済活動への参加を促進することを目的としている。国や地方公共団体、国民の責務を定めるとともに、実施機関、更生援護（身体障害者手帳等）、障害福祉サービスや障害者支援施設等への入所措置、盲導犬の貸与、社会参加の促進等について定めている。

（2） 知的障害者福祉法 （1960（昭和35）年制定）

　知的障害者の自立と社会経済活動への参加を促進することを目的としている。身体障害者福祉法と同様に、国や地方公共団体、国民の責務を定めるとともに、実施機関、更生援護、障害福祉サービスや障害者支援施設等への入所措置等について定めている。1999（平成11）年までは精神薄弱者福祉法という名称であった。

（3） 精神保健及び精神障害者福祉に関する法律（精神保健福祉法）（1950（昭和25）年制定）

　精神障害者の医療および保護、社会復帰の促進、自立と社会経済活動への参加を促進すること、発生の予防および国民の精神的健康の保持・増進に努めることを目的としている。精神保健福祉センター、精神保健指定医、精神科病院、医療保護入院、精神障害者保健福祉手帳等について定めている。1987（昭和62）年までは精神衛生法、1995（平成7）年までは精神保健法という名称であった。

（4） 発達障害者支援法 （2004（平成16）年制定）

　自閉症、アスペルガー症候群その他の広汎性発達障害（こうはんせいはったつしょうがい）、学習障害（LD）、注意（ちゅうい）欠陥多動性障害（けっかんたどうせいしょうがい）（ADHD）などの発達障害のある者を対象に、これらの発達障害を早期に発見し、切れ目のない発達支援を行うこと等目的としている。国および地方公共団体、国民の責務、学校教育における発達障害者への支援、発達障害者の就労の支援、発達障害者支援センターの指定等について定めている。

（5） 障害者の日常生活及び社会生活を総合的に支援するための法律（障害者総合支援法）（2005（平成17）年制定）

　障害者基本法の基本的理念に則（のっと）り、身体障害者福祉法、知的障害者福祉法、精神保健及び精神障害者福祉に関する法律、児童福祉法等と相まって、障害者・障害児が基本的人権を享有（きょうゆう）する個人としての尊厳にふさわしい日常生活または社会生活を営むことができるよう、必要な障害福祉サービスにかかる給付、地域生活支援事業その他の支援を総合的に行うこと等を目的としている。自立支援給付や地域生活支援事業を定め、障害支援区分に応じた給付を行う。

（6） 老人福祉法 （1963（昭和38）年制定）

　老人の福祉に関する原理を明らかにし、老人に対し、その心身の健康の保持および生活の安定のために必要な措置を講じ、老人の福祉を図ることを目的としている。特別養護老人ホーム、養護老人ホーム、軽費老人ホーム等の老人福祉施設を定めているほか、社会活動促進対策として老人クラブ活動事業を規定している。2000（平成12）年以降は介護保険法と密接な関連性をもって運用されている。

図表3-4　社会福祉の法体系

子ども・子育て支援法 2012（平成24）年	障害者総合支援法 2005（平成17）年				介護保険法 1997（平成9）年
母子及び父子並びに寡婦福祉法 1964（昭和39）年	児童福祉法 1947（昭和22）年	身体障害者福祉法 1949（昭和24）年 / 知的障害者福祉法 1960（昭和35）年 / 精神保健福祉法 1950（昭和25）年 / 発達障害者支援法 2004（平成16）年		老人福祉法 1963（昭和38）年	生活保護法 1950（昭和25）年
社会福祉法 1951（昭和26）年					

（7）介護保険法（1997（平成9）年制定）

　加齢による心身の変化に起因する疾病などで要介護・要支援状態になった高齢者の自立を援助し、保健医療サービスおよび福祉サービスを提供するための保険制度を整備するためのしくみである。介護保険料の徴収、介護サービス給付の種類、サービス運営基準などの詳細を定めている。老人福祉法で定めている各種高齢者福祉施策等を社会保険によってまかなうための財政的なしくみが介護保険法という関係になる。

（8）生活保護法（1950（昭和25）年制定）

　生活に困窮するすべての国民に対して、困窮の程度に応じて必要な保護を行い、最低限度の生活の保障や自立を助長することを目的としている。生活保護を受給する権利はすべての国民にあるが、資産、能力、その他あらゆるものの活用を受給要件とし、親族扶養や他法の扶助が優先となっている。8種類の扶助のほか、5種類の保護施設を設置している。

（9）生活困窮者自立支援法（2013（平成25）年制定）

　生活困窮者自立相談支援事業の実施、生活困窮者住居確保給付金の支給などの措置を講ずることによって、生活困窮者の自立の促進を図ることを目的としている。「生活困窮者」とは、現に経済的に困窮し、最低限度の生活を維持することができなくなるおそれのある者をいう。生活保護法に適用されない「生活困窮者」に対する相談、自立支援計画の作成、就労支援・自立支援の実施、生活困窮者住居確保給付金と呼ばれる公的な住宅手当の支給等を行っている。

第3講　社会福祉の制度と法体系

Step3

社会福祉の法制度を活用する

　次の事例を読んで、どのような社会福祉の法制度を活用して支援を展開することができるかを考えてみよう。

事例

生活困難に陥っている母子の事例

　Aさんは、18歳まで児童養護施設で育った。退所後はコンビニエンスストアでアルバイトをして自活するようになったが、長くは続かなかった。街で声をかけられたのをきっかけに水商売で働くようになり、次第に性風俗で稼ぐようになった。

　21歳のとき、客として知り合ったBさん（当時32歳）と付き合うようになり、BさんはAさんの家に寝泊まりするようになった。Bさんの仕事は建設関係であったが、あるとき「独立したい」と言って勤め先を辞めて、建設下請けの自営業（一人親方）となった。独立にあたって、工具を積んで運べる車を購入した。貯金はゼロだったので、支払いはカードローンで行った。

　1年後に、AさんとBさんとの間に子ども（Cちゃん）が生まれた。しかし、Bさんは定期的に仕事を取ることが難しく、収入は不安定であった。アパートの家賃と生活費、そして車のローン返済や仕事にかかる経費の負担が重く、AさんとBさんの収入だけではやりくりできず、複数のキャッシング会社からお金を借りるようになった。

　仕事と借金のストレスが重なり、Bさんはもともと好きだったお酒の量を増やしていった。さらに、AさんやCちゃんに対して常に不機嫌で乱暴な態度を取るようになり、「お前たちが食えているのは俺のおかげだ」と言ったり、機嫌が悪いときはAさんを蹴ったり、さらに乱暴な言葉を浴びせたりするようになった。また多重債務でキャッシングが利用できなくなったため、BさんはAさんの名義でも勝手に借金をしはじめた。家には借金の取り立ての電話がくるようになり、眠れない日々が続いた。Cちゃんも情緒不安定なためか泣きやまないことが多く、Aさん自身もCちゃんに当たってしまうことがあった。

　Aさんは、生活苦と暴力の恐怖、そして育児ストレスで精神的に不安定になっていった。不眠と抑うつの症状が悪化し、リストカットや飲酒を繰り返し、寂しさをまぎらわすために援助交際をしたり、不定期に性風俗で働いたりした。Cちゃんは家に放置することが多かった。その後、Bさんは次第に別の女性と同棲するようになっていった。

　それから数年を経た現在、Aさん（29歳）はCちゃん（8歳）と一緒に暮らしている。今でもBさんがときどき金品を奪いにやってきて、暴力を振るう。Aさんは援助交際と性風俗で収入を得ているが、うつ病とアルコール依存症を中心とする精神疾患を悪化させている。

　Cちゃんは、学校に行かず一日中家でテレビを見て過ごすことが多く、毎日菓子パンやカップラーメンばかり食べている。落ちつきがなく、言葉も少なく、小学校の友だちにもあまり心をひらくことはない。保育所に通ったことも、遊園地や旅行に行ったこともない。Cちゃんは母親であるAさんしか頼る人がおらず、Aさんとの関係がすべてになっているが、Aさんは精神的に不安定であり余裕がないため、Cちゃんと深いかかわりをもてないでいる。

事例の見方──ニーズと資源をとらえる

① 　AさんとCちゃんの2人は多様な問題（ニーズ）をかかえ、支援を必要としている。AさんもCちゃんも極度に疲弊しており、不安定な生活状況にある。Aさんは安定した仕事に就いていないが、精神疾患の状態にあるため、ただちに一般就労を求めるのではなく、まずは生活保護や児童扶養手当などの公的な所得保障制度で生活費を得るべきである。

　生活費を得ることで、まともな食事をとっていない問題も解消されるかもしれない。また、Bさんが不定期にやってきて暴力を振るうことが続くようなら、DV防止法および児童虐待防止法に基づき、ただちに転居して母子生活支援施設などへ入所することが望ましいだろう。そこで精神疾患の治療をしながら、時間をかけて安心と健康を取り戻すべきである。精神保健福祉法に基づいて実施される医療や回復プログラム等を利用することもできる。

　Aさんが援助交際や性風俗での売春を続けるようなら、その介入も必要である。また、Cちゃんは長らく虐待され続けながら育ってきており、母親のネグレクトによっても精神面や生活面など多面的に（低栄養、発育不全など）ダメージを受けている。これらの問題に総合的に対応していくため、さまざまな支援やサービスを活用しながら長期的に問題解決を図っていく必要がある。

② 　実際に介入するとしたら、具体的にどのような社会資源を活用して支援を開始したらよいだろうか。実践者の視点で考えてみよう。

・福祉事務所は、生活困窮、ドメスティック・バイオレンス（DV）、児童虐待、精神疾患に関する総合相談窓口となる。また、生活保護や児童扶養手当の受給、母子生活支援施設の入所等を決定する機関でもある。

・児童相談所、こども家庭センターおよび女性相談支援センターは、児童虐待やDVの相談窓口となる。

・病院は、うつ病やアルコール依存症等の精神疾患を診断し、薬を処方する。

・精神障害者の自助グループやグループホームは、うつ病やアルコール依存症と向き合い、社会参加やこころのケアを行う各種プログラムを用意する。

・多重債務の解消には、法テラス（日本司法支援センター）等の法律相談機関や弁護士・司法書士等の専門職を活用できる。返済が困難であれば、任意整理や裁判所への自己破産申立てが可能である。

・スクールソーシャルワーカーやスクールカウンセラーは、学校生活における心理面・生活面をサポートしながら、Cちゃんの登校をうながす。

第3講　社会福祉の制度と法体系

参考文献

● 日本社会保障法学会編『講座社会保障法① 21世紀の社会保障法』法律文化社，2001.

● 堀勝洋『社会保障・社会福祉の原理・法・政策』ミネルヴァ書房，2009.

● 荒木誠之『社会保障法読本』有斐閣，1998.

● 畑本裕介『新版 社会福祉行政——福祉事務所論から新たな行政機構論へ』法律文化社，2021.

● 蟻塚昌克『入門 社会福祉の法制度——行財政の視点からみた全体図 第3版』ミネルヴァ書房，2008.

● 一般社団法人日本ソーシャルワーク教育学校連盟編『最新 社会福祉士養成講座・精神保健福祉士養成講座④ 社会福祉の原理と政策』中央法規出版，2021.

● 『社会福祉学習双書』編集委員会編『社会福祉学習双書2015 社会福祉概論Ⅰ——現代社会と福祉』全国社会福祉協議会，2015.

● 厚生労働統計協会編『国民の福祉と介護の動向 2021／2022』2021.

COLUMN ペアレントクラシーと子育て罰

　「ペアレントクラシー（Parentocracy）」という言葉がある。この言葉は、親の経済力と「願望」によって子どもの教育や学力が決定づけられること、およびそのようなしくみになっている社会を表している。20世紀の社会は、子ども本人の能力と努力によってさまざまなものを獲得できる社会（メリトクラシー）だったが、現代はそれよりも親が与える環境が子どもたちの将来を大きく左右しており、これを近年の日本では「親ガチャ」と表現することもある。「親ガチャ」とは、ペアレントクラシーによって子どもの人生に不平等が生じる社会への失望、そして親を選べない子どもたちの絶望を表現した言葉だ。

　また現代では、子どもを産み育てることは大きな負担となっており、子育てに幸福を感じられない親も少なくない。まるでそれは子育てをする親にペナルティ（罰）が与えられるような状況であることから、皮肉を込めて「子育て罰（チャイルド・ペナルティ）」と呼ばれている。

　「ペアレントクラシー」や「子育て罰」という言葉が生まれる社会は、子育てや教育を親だけの責任にする政策によってもたらされていると考える必要がある。それらが少子化を招いていることは明らかである。子どもにも親にも負担をかけず、また、生まれによる不平等を是正するための社会福祉がより整備されるべきである。

（金子　充）

第 4 講

社会福祉行財政と
実施機関、社会福祉施設等

社会福祉としての支援は利用者との直接的なやり取りだけでは成り立たない。背後にある各種制度を資源として活用することも重要である。そのため、本講では、行政機関がどのような制度を整備しているのかについてみていく。

まずは、福祉事務所や児童相談所をはじめとしたさまざまな相談機関を取り上げる。その後、社会福祉を支える財政について考え、最後に社会福祉施設について紹介する。

Step 1

1. 社会福祉行政の体制

　戦後のわが国での社会福祉サービスは、1951（昭和26）年に社会福祉事業法が制定されて以来、措置制度を中心にして提供されてきた。措置制度とは、ニーズなどの諸事情を考慮した行政機関の決定に基づいて福祉給付やサービスを割り振るしくみである。しかし、行政側の一方的な決定に利用者がしたがわなければならない側面もあった。この制度の第一義的な目的は、責任の所在が曖昧にならないように、国が社会福祉サービスを提供する責任を明確化することであった。もっとも、国が直接的にサービスを提供するのは、非効率であったり、整備が追いつかなくなったりするので、社会福祉法人等の民間事業者にもサービス提供が委託されてきた（措置委託）。ただし、社会福祉法人として認可される事業者は、公の支配に属するとみなされるための各種要件を備えることが厳格に求められた。

　その後、1997（平成9）年の児童福祉法の改正により、保育所の入所における措置制度が廃止され契約制度へと移行したのを端緒として、社会福祉サービスの提供のしくみは大幅に変更されることになった。とはいえ、現実的なしくみは旧来からの延長線上にある。利用者の申請を受け付ける相談業務や地域の福祉の連絡調整・実施企画を行うのは行政機関が中心だからである。一方で、実際の福祉サービスの提供は、行政の定める基準を満たした社会福祉法人や契約制度からの新たな担い手であるNPO法人や営利企業等が担う。

　Step 1では、こうした福祉サービス提供体制のうち行政機関について取り上げ、Step 2において社会福祉法人等の社会福祉施設（保育所等）について取り上げる。

2. 福祉事務所

　社会福祉行政の中心となる機関は何といっても福祉事務所である。福祉事務所とは、社会福祉法に「福祉に関する事務所」として規定された行政機関である（社会福祉法第14条〜第17条）。地域の福祉に関する相談窓口としての存在であり、主に福祉六法（都道府県事務所では三法）に関係する措置の事務を行っている。ちなみに、行政機関では、すでに法令等によって規定されている政治的判断をともなわない業務のことを、全般的に「事務」と呼んでいる。

　福祉事務所は、もともと生活保護事務の専門職員として社会福祉主事を配置することを目的として設置された事務所である。そのため、法律で定められている職員数の標準が生活保護法の事務に必要な数をもとに算定される等、生活保護法の影響

図表4-1　福祉事務所の所管事務

都道府県福祉事務所 （郡部福祉事務所）	福祉三法	生活保護法、児童福祉法、母子及び父子並びに寡婦福祉法
市町村福祉事務所	福祉六法	生活保護法、児童福祉法、母子及び父子並びに寡婦福祉法、老人福祉法、身体障害者福祉法、知的障害者福祉法

を強く受けた運営形態となっている。

　次にこの福祉事務所の組織体制を確認する。社会福祉法によると、都道府県および市（特別区を含む。以下同じ）は、条例で福祉事務所を設置しなければならない（社会福祉法第14条第1項）。また、町村は福祉事務所を任意に設置することができる（同条第3項）。これは、町村が連合して設置する一部事務組合または広域連合でもよい（同条第4項）。2022（令和4）年4月現在、市には999、都道府県には205、町村には46あり、全部で1250か所に設置されている。

　市町村福祉事務所は、その市や町村の区域を所管地域として業務を引き受けるので、福祉六法すべてをつかさどる（同条第6項）。都道府県福祉事務所は、福祉事務所を設置していない町村の業務を引き受けるためのものであり、郡部福祉事務所とも呼ばれる。

　もともとは、市町村も都道府県も福祉事務所のつかさどる事務は同じであった。しかし、1990（平成2）年の福祉関係八法改正により1993（平成5）年4月には老人および身体障害者福祉分野で、支援費制度導入に備えた児童福祉法および知的障害者福祉法の一部改正により2003（平成15）年4月には知的障害者福祉分野で、それぞれの施設入所措置事務等が都道府県から町村へ移譲された。そのため、都道府県福祉事務所は福祉三法のみをつかさどることになった（図表4-1）。

　次に、福祉事務所ではどのような事務を行っているかを確認したい。第1に、生活保護法に関連する事務である。これは、生活保護申請に対し必要な調査を行い、開始・却下の決定を行い、保護世帯への経済給付と自立へのさまざまな援助を行うことである。保護施設での宿泊提供等の斡旋も行う。近年では、生活保護の被保護者に対するさまざまな自立支援策を体系化した自立支援プログラムの策定もはじめている。また、就労支援員を配置して、就労に関する相談・助言を行ったり、個別の求人開拓やハローワークへの同行等の支援を行ったりしている。

　第2に、母子及び父子並びに寡婦福祉法および児童福祉法に関連する事務である。母子及び父子並びに寡婦福祉法第9条により、福祉事務所の事務として母子家庭等の実情把握・相談および調査・指導を行うことになっている。また、同法第8

第4講　社会福祉行財政と実施機関、社会福祉施設等

条では母子・父子自立支援員（2002（平成14）年の法改正で従来の母子相談員を、2014（平成26）年に母子自立支援員をさらに改正したもの）を福祉事務所等に配置することになっている。ほかにも、都道府県の行う事業である、同法第13条に規定される母子福祉資金の貸付け、同法第31条に規定される母子家庭自立支援給付金事業（法では「できる」という記述なので、都道府県ごとに任意で行う事業）の業務なども福祉事務所で行っている。2005（平成17）年度からは、母子・父子自立支援プログラム策定事業も行っている。

児童福祉法に規定される助産施設（第22条）や母子生活支援施設（旧・母子寮。児童福祉法の規定により18歳未満の子を養育している母子家庭などが対象）への保護措置（第23条）の事務も行われる。これらはかつて、いわゆる措置制度のなかにあったが、2000（平成12）年の児童福祉法改正からは、利用者が公法上の契約により希望する施設を選択する契約制度に移行した。

児童に関連する各種手当の事務もある。児童扶養手当（児童扶養手当法）、特別児童扶養手当および障害児福祉手当（特別児童扶養手当等の支給に関する法律）に関連する事務を行う。

第3には、身体障害者福祉法、知的障害者福祉法に関連する事務である。この事務は、市町村福祉事務所のみがつかさどる事務である。もちろん、都道府県福祉事務所もこの二法に関する広域連絡調整等は行っている。市町村福祉事務所は身体障害者・知的障害者の発見・相談・指導および必要な情報提供などを行う（身体障害者福祉法第9条の2、知的障害者福祉法第10条）。また、それぞれの専門家である身体障害者福祉司・知的障害者福祉司を置くこともできる（身体障害者福祉法第11条の2第2項、知的障害者福祉法第13条第2項）。

第4に、老人福祉法に関連する事務である。この事務も市町村福祉事務所のみがつかさどる事務である。

3. 福祉事務所と市町村福祉担当部局

近年さまざまな制度改正により、従来福祉事務所の措置事務（そちじむ）として行われてきた各種福祉サービスの提供が、市町村福祉担当部局（福祉課、厚生課等の名称で設置される）によって代替（だいたい）されるようになってきている。

福祉事務所は、生活保護制度をはじめとする措置の事務のための機関である。一方で、福祉サービス提供のもう一方の柱（今ではこちらの柱のほうがかなりの比重を占める）である保険制度を中心とする契約制度は、福祉事務所を設置していない

　町村も運営しなければならないため、福祉事務所とは別の部局が担うことになる。「措置から契約へ」の掛け声のもと、近年では契約を福祉サービス提供の基盤（社会福祉基礎構造）とすることが社会福祉行政の大きな方針である。よって、業務の比重は、福祉事務所ではなく、市町村の福祉担当部局が大きくなっている。

　高齢者福祉分野では、1990（平成2）年の福祉関係八法改正により、老人福祉法に基づく施設入所措置事務等が都道府県福祉事務所から町村へ移された（市部には福祉事務所があるのでもともと所掌<ruby>所掌<rt>しょしょう</rt></ruby>していた）。また、1997（平成9）年の介護保険法制定では、多くの高齢者福祉関連サービスが市町村の介護保険担当部局へと移された。

　障害者福祉分野では、1990（平成2）年の福祉関係八法改正により、身体障害者の施設入所措置事務等が都道府県福祉事務所から町村へ移された。また、2003（平成15）年4月には、支援費制度導入に備えた児童福祉法および知的障害者福祉法の一部改正により、知的障害者の施設入所措置事務等が都道府県福祉事務所から町村へ移された。

　2003（平成15）年の支援費制度の後を受ける2006（平成18）年施行の障害者自立支援法、その後の2013（平成25）年施行の障害者の日常生活及び社会生活を総合的に支援するための法律（障害者総合支援法）では、サービス提供主体が市町村に一元化され、障害の種別（身体障害、知的障害、精神障害）にかかわらず、障害者の自立支援を目的とした共通の福祉サービスは、共通の制度により提供されるようになった。これらは基本的に市町村の福祉担当部局によって担われる（市部では市の福祉事務所が担う場合もある）。

　児童福祉分野では、もともと措置権が市町村であった分野が多く、1997（平成9）年に児童福祉法が改正され入所方式が契約制度となってからも、それは変わらない。

　このように、社会福祉サービスを所掌する行政機関は大きく移り変わっている。とはいえ、以前から福祉事務所と市町村福祉担当部局は一体的に運営されてきた市町村も多かった。これは「大事務所制」と呼ばれ、同一の管理職のもとに福祉事務所と福祉担当部局が融合して運営されてきたものである。

4. 各種相談所

　社会福祉行政の機関は福祉事務所だけではない。福祉関係法によって設置が求められる福祉専門の各種機関が存在している。多くは「相談所」と呼ばれている。

児童相談所

　児童相談所は、児童に対する相談を受け、調査・診断・判定を行い（相談機能（児童福祉法第12条第3項））、児童福祉施設、障害児入所施設等に入所させたり、里親等に委託するなどの措置権を行使する機関である（措置機能（同法第26条））。必要に応じて、児童を家庭から離して一時保護することもある（一時保護機能（同法第12条第3項、第12条の4、第33条））。また、市町村による児童家庭相談への対応について市町村相互間の連絡調整を行ったり、市町村に対して情報を提供したりする役割もある（市町村援助機能（同法第12条第3項））。

　都道府県および指定都市には設置義務がある（同法第12条第1項、第59条の4第1項）。また、2006（平成18）年4月からは、中核市程度の人口規模（20万人以上）を有する市を念頭に政令で指定する市（児童相談所設置市）にも児童相談所を任意に設置することができるようになった。さらに、2016（平成28）年の児童福祉法の改正により、2017（平成29）年度からは東京特別区（23区）でも任意に設置することができるようになった（同法第59条の4第1項。2022（令和4）年4月現在、世田谷区、江戸川区、荒川区、港区、中野区が設置）。児童相談所は全国に229か所、併設される一時保護所は150か所設置されている（2022（令和4）年7月現在）。

　職員には、所長、配置義務のある相談および指導の中心となる児童福祉司のほかに、精神科医、児童心理司、保健師、理学療法士等が配置されることがある。

　児童相談所は、1948（昭和23）年の児童福祉法施行とともに発足した。従来はあらゆる児童家庭相談について児童相談所が対応していた。しかし現在では、児童虐待相談等の急増で、緊急かつより高度な専門的対応が求められる一方、育児不安等を背景に、身近な子育て相談ニーズも増大している。そのため、2004（平成16）年の児童福祉法改正により業務の分散が図られ、2005（平成17）年4月からは、児童相談所はより専門的な相談に対応し、日常的な児童家庭相談については主に福祉事務所に設置される家庭児童相談室などで対応することになった[*1]。

　近年は、児童虐待防止のために児童相談所の機能強化が図られている。2019（令和元）年に成立した改正児童福祉法では、児童相談所に弁護士の配置またはこれに準ずる措置等が求められることになった。さらに、2022（令和4）年に成立した改正児童福祉法では、児童の意見聴取等のしくみの整備、一時保護開始時の司法審査の導入等が行われることになった（一部を除き、2024（令和6）年4月施行）。

＊1　「市町村児童家庭相談援助指針について」（平成17年2月14日雇児発第0214002号）

身体障害者更生相談所

　身体障害者更生相談所は、原則として18歳以上の身体障害者が補装具、更生医療、施設利用等の各種福祉サービスを適切に受けることができるように、専門的・技術的立場から各種の相談業務や判定業務、身体障害者手帳に関する判定・交付の事務等を行う機関である。都道府県に設置義務がある（身体障害者福祉法第11条）。また、指定都市は任意に設置することができる（同法第43条の２）。2022（令和４）年４月現在、全国に78か所設置されている。

知的障害者更生相談所

　知的障害者更生相談所は、原則として18歳以上の知的障害者の福祉の向上のために専門的な援助を行うとともに、家庭その他からの相談に応じて医学的・心理学的・職能的判定を行う機関である。療育手帳の判定・交付の事務を行う。都道府県に設置義務がある（知的障害者福祉法第12条）。また、指定都市は任意に設置することができる（同法第30条）。2022（令和４）年４月現在、全国に88か所設置されている。

婦人相談所・女性相談支援センター

　婦人相談所は、売春を行うおそれのある「要保護女子」の保護更生のために、1956（昭和31）年に制定された売春防止法に基づいて設置された機関である（売春防止法第34条）。しかしながら、その役割は多様である。当初より女性の家庭問題や就労問題一般に関する相談も多かった。また、2001（平成13）年に「配偶者からの暴力の防止及び被害者の保護等に関する法律」（DV防止法）が制定されてからは、「配偶者暴力相談支援センター」としての役割も期待されている。都道府県に設置義務があり（売春防止法第34条第１項）、2021（令和３）年６月現在、全国に49か所設置されている。また、婦人相談所には、一時保護所を設置することが義務づけられている（同条第５項）。2022（令和４）年５月に成立した「困難な問題を抱える女性への支援に関する法律」（2024（令和６）年４月施行）において、女性相談支援センターが設置されることになった。以後は、困難を抱える女性への支援は、婦人保護事業から切り離されて実施されることになる。都道府県に設置義務があり（同法第９条第１項）、指定都市は設置することができる（同条第２項）。

精神保健福祉センター

　精神保健福祉センターは、「精神保健及び精神障害者福祉に関する法律」（精神保健福祉法）（1995（平成7）年7月に精神保健法を改称）に基づいて設置された機関である。1965（昭和40）年の精神衛生法改正によって「精神衛生センター」との名称で任意設置の機関として発足したのが起源である。精神障害者保健福祉手帳に関する判定をはじめとして、地域精神保健福祉活動推進の中核となる機能を担う。障害者総合支援法の施行以降は、市町村の介護給付費等の支給要否決定に対する支援も行う（精神保健福祉法第6条第2項第4号〜第6号）。都道府県および指定都市に設置義務があり（同法第6条第1項、第51条の12）、2022（令和4）年4月現在、全国に69か所設置されている。

その他の機関

（1）地域包括支援センター

　地域包括支援センターは、老人福祉法に基づいて設置されていた在宅介護支援センター（老人介護支援センター）（老人福祉法第20条の7の2）を実質的に引き継ぐ形で、2005（平成17）年の介護保険法改正によって設置されることになった機関である（介護保険法第115条の46）。地域包括ケアの中核機関として、高齢者の多様なニーズや課題に対して、地域の社会資源のネットワークを構築し、ワンストップで対応することを目的としている。権利擁護（けんりようご）、介護支援専門員に対する助言・指導、介護予防ケアマネジメントなども必須事業（ひっすじぎょう）として実施している。

（2）児童家庭支援センター

　児童家庭支援センターは、児童福祉法に基づいて設置される機関である（児童福祉法第44条の2）。地域の児童の福祉に関する家庭等からの相談のうち、専門的な知識および技術を必要とするものに応じ、市町村の求めに対し技術的助言や必要な援助、児童福祉施設等との連絡調整などを行う。里親およびファミリーホーム支援機関としての機能をもつことがある。

（3）子育て世代包括支援センター

　子育て世代包括支援センター（法律上の名称は母子健康包括支援センター）は、2016（平成28）年6月の母子保健法改正で市町村が設置する努力を求められるようになった機関である（母子保健法第22条）。母性ならびに乳児および幼児の健康の保持および増進に関する包括的な支援を行うことを目的としている（同条第2項）。2024（令和6）年より、子ども家庭総合支援拠点と統合され、こども家庭センター

となる予定である。

（4）発達障害者支援センター

　発達障害者支援センターは、発達障害者支援法に基づいて設置される機関であり、都道府県および指定都市が自ら行うか、指定した社会福祉法人やNPO法人等が運営する（発達障害者支援法第14条、第25条）。発達障害者およびその家族に対し、専門的な相談・助言、発達支援・就労支援を行う。また、医療、保健、福祉、教育等の関係機関等に対する情報提供や研修、連絡調整を行う。

社会福祉協議会

　社会福祉協議会は、社会福祉法に根拠をもち（第109条〜第111条）、行政機関と密接な連携をとりながら活動する民間の団体であり、社会福祉法人としての法人格をもつことが多い。各レベルの地区（全国・都道府県・市区町村）のさまざまな社会福祉事業体や住民の協議の場として機能し、地域福祉の推進を図ることを目的としている。

　社会福祉協議会のなかでも、住民に最も密接した市町村社会福祉協議会の主な活動には、①地域福祉活動推進部門（小地域ネットワーク活動、ふれあい・いきいきサロン事業等）、②福祉サービス利用支援部門（生活福祉資金貸付事業、日常生活自立支援事業等）の窓口業務（実施主体は都道府県社会福祉協議会）、③在宅福祉サービス部門（介護保険事業等）等がある。さらに、これらの事業経営を支援する法人運営部門等が設置される。近年では災害対応にも力が入れられている。地域福祉の推進にはさまざまな側面があるため、時代に合わせて地域の組織化や福祉サービス提供のプログラムを考える柔軟な運営を行うことが特徴である。

　2020（令和2）年には、2040年に向けての行動方針として「全社協 福祉ビジョン2020」が策定された。このビジョンでは、21世紀における「地域共生社会」および「誰一人取り残さない持続可能で多様性と包摂性のある社会」（SDGs）の実現という2つの方向性をもとに、「ともに生きる豊かな地域社会」の実現をめざしている。

第4講　社会福祉行財政と実施機関、社会福祉施設等

47

Step2

1. 福祉の財政

　令和２年度の地方公共団体普通会計歳出の純計決算額は、125兆4588億円で、費目中最も多くの割合を占めるのは、民生費（23.1％）である。地方自治体の財政において社会福祉の費用がまかなわれる費目は、主にこの「民生費」である。以下、総務費（18.0％）、教育費（14.6％）、土木費（9.8％）、公債費（9.7％）といった順である。ちなみに、この年は新型コロナウイルス感染症対策の影響を受け、総務費等が例年以上にかさんでおり、令和元年度はもっと民生費の割合が高かった（26.6％）。もともと、地方財政において最大の割合を占めていた費目は教育費であったが、平成19年度に民生費が逆転した。団体種類別にみると、都道府県では教育費（17.1％）、市町村では民生費（29.9％）が一番多い。

　次に、**図表4-2**を参照しつつ、民生費の内訳をみていく。令和２年度決算における都道府県の最大の費目は、「老人福祉費」である。特別養護老人ホーム等の高齢者福祉施設の運営費を含む。高齢者福祉のための財源には、ほかに市町村の介護保険特別会計もあり、一般の会計外でも予算が組まれているため、この費目だけで高齢者福祉の費用の全体をとらえることはできない。市町村の最大の費目は「児童福祉費」であり、児童手当の支給費用、保育所や児童養護施設などの児童福祉関連施設の運営費等である。

　1970（昭和45）年には都道府県・市町村合計の民生費で39.4％を占めていた「生活保護費」は、次第に割合を低下させていく。とはいえ、平成不況を反映して生活困窮者が増えた社会情勢からか、1995（平成７）年の14.1％から2005（平成17）年には18.0％まで上昇する等、年ごとに増減しながらわずかに増加してきている。

図表4-2 民生費の目的別内訳（令和２年度）

（単位 億円・%）

	純計額		都道府県		市町村	
	金額	構成比	金額	構成比	金額	構成比
社会福祉費	79,996	(27.9)	35,924	(36.9)	55,654	(24.8)
うち扶助費	37,296	(46.6)	24,149	(67.2)	34,881	(62.7)
老人福祉費	69,350	(24.2)	37,261	(38.3)	40,973	(18.2)
うち繰出金	34,603	(49.9)	35,707	(95.8)	34,603	(84.5)
児童福祉費	97,954	(34.1)	20,801	(21.4)	90,926	(40.4)
うち扶助費	68,629	(70.1)	14,144	(68.0)	64,713	(71.2)
生活保護費	38,610	(13.5)	2,338	(2.4)	36,632	(16.3)
災害救助費	1,032	(0.4)	973	(1.0)	672	(0.3)
合計	286,942	(100.0)	97,297	(100.0)	224,856	(100.0)

出典：総務省『令和４年版 地方財政白書』2022.

「社会福祉費」は、ほかに分類されない諸費目が含まれる。市町村で運営する国民健康保険特別会計への繰出金（くりだしきん）（都道府県・市町村負担金）等の経費をまかなう。

2. 福祉サービスの費用負担の方法

社会福祉施設を利用する際の費用負担の方法には、公費負担方式、社会保険方式、利用者負担がある。これらの方法で費用がまかなわれ、福祉サービスの財源が構成されている。

公費負担方式とは、租税（そぜい）を財源として福祉サービス給付が行われることである。日本の社会福祉制度は、戦後復興期に大量に生まれた貧困者の救済・保護のために形成された経緯がある。そのため、もともと福祉サービスの費用負担の多くはこの公費負担方式であり、福祉サービスは無料であるか低額の料金で提供されていた。介護保険法や障害者自立支援法（現・障害者総合支援法）が制定されてからは、保険料と利用者一部負担による費用負担が加えられることになったが、福祉六法等を根拠とする措置費（そちひ）（事業者に委託するときは措置委託費（いたく））等で公費負担方式は存続している。

社会保険方式とは、それぞれの社会保険の加入者が拠出（きょしゅつ）する保険料を財源とするものであるが、わが国においては社会保険制度の財源にさらに事業主負担や公費負担が加えられることが多い。例えば、介護保険制度は保険料を主な財源とする制度であり、福祉サービスにおける社会保険方式の制度である。

利用者負担とは、月々の保険料以外に福祉サービスの利用に際して利用者がその費用の一部を直接負担するものである。利用者負担には、応能負担、応益負担の2つがある。応能負担は、前年の所得に応じて支払いを求めるなど、利用者の経済的能力に応じて一部自己負担を求めるものである。応益負担とは、サービスの利用量に応じて一部自己負担を求めるものである。

3. 福祉サービスの利用方法

次に、福祉サービスの利用方法についての概要を確認したい。もともと、福祉サービスは、生活保護制度や措置制度等により公費負担方式で提供されていた。これらは、行政処分として利用者に対してサービスを割り当てる制度であるが、サービス請求権や選択権が不明確となる問題があった。

こうした問題を解消するために、1990年代後半になると、サービスの利用に際し

て契約関係を取り入れることで利用者の権利性を高める制度改革が行われた（措置から契約へ）。契約制度の主なものには、保育所入所方式、介護保険方式、自立支援給付方式がある。

生活保護制度……生活保護制度は、日本国憲法第25条に規定される生存権の理念を実現するために制定された生活保護法に基づいて実施されている。そのため、生活保護法第 7 条には保護請求権が明示されており、保護の開始の申請があってから原則的に14日以内に保護の要否、種類、程度および方法について書面で通知しなければならないことになっている（同法第24条第 3 項および第 5 項）。

措置制度……措置制度とは、措置権者である行政機関の措置決定に基づいて、要援護者（サービス利用者）を社会福祉施設へ入所させたり、在宅福祉サービスを利用させたりするものである。措置権者は、社会福祉施設や在宅福祉サービスの事業者に措置委託費を支払う。要援護者から負担能力に応じて費用を 徴 収することもある。行政機関の窓口で利用希望の相談を受け付けることは一般的に行われているが、生活保護制度と違って、要援護者にはサービスを利用するための申請権は明確になっていない（**図表 4 - 3** ）。

保育所入所方式……契約制度導入のきっかけとなったのは、1997（平成 9 ）年の児童福祉法改正によって保育所への入所に契約方式を導入したことである（1998（平成10）年施行）。これは市町村と利用者が利用契約を結ぶものである。市町村の情報提供に基づいて、利用者は希望する施設への入所を市町村に申し込む。市町村は、その申込みに対して、入所にかかわる資格要件を確認し（保育を必要とする等）、入所の応諾を行う。市町村は公法上の委託契約に基づいて保育所等の受託事業者に実施委託費を支弁して、利用者の入所を委託する。市町村は、利用者等から

図表4-3 福祉サービスの利用制度化の概念図

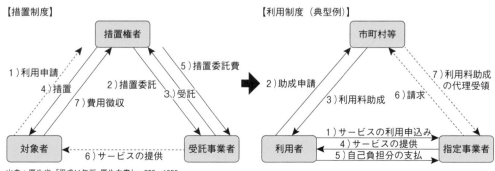

出典：厚生省『平成11年版 厚生白書』p.233, 1999.

負担能力に応じて費用を徴収する*2。2000（平成12）年の児童福祉法改正によって母子生活支援施設および助産施設においてもこの方式が取り入れられた。

　介護保険制度等と違って、利用者が契約を結び、費用を支払うのは保育所等の受託事業者ではなく市町村である。そのため、利用者と受託事業者の間の権利義務関係が明確になっていないことが問題点として残されている。認定こども園や地域型保育においては、受託事業者と直接契約することになっている。

介護保険方式……一定の年齢（40歳）に達した利用者は、介護保険制度に加入することで、従来は措置制度のなかで運営されていた特別養護老人ホーム等の施設や在宅サービス等を利用できるようになった。ただし、保険料を支払うことになった。

　利用者は、保険者である市町村にサービス利用を申請し、市町村の介護認定審査会で要介護認定・要支援認定等を受け、保険給付の上限額の決定を受ける。その後、利用者は居宅介護支援事業者等の作成したケアプランに基づいて、希望する指定事業者と利用契約を結ぶことでサービスの提供を受けることができる。利用者は指定事業者に一部自己負担の費用（利用者の収入によりサービス給付の1割〜3割と、食費や居住費等のいわゆるホテルコスト）を直接支払う。指定事業者は、利用者の一部自己負担部分を除いた残りの費用を保険者である市町村に請求する。

　保育所入所方式と違って、利用者は保険者である市町村に保険料を支払い、指定事業者と直接契約関係を取り結ぶことで権利義務関係が明確となっている。

自立支援給付方式……平成15年度からはじまった支援費制度の後を受け、2006（平成18）年に成立した障害者自立支援法の成立によって導入された契約制度の方式である（2012（平成24）年に障害者総合支援法へと法律名が変更）。

　利用者は、市町村にサービスの利用を申請し、申請を受けた市町村は障害支援区分を認定して、利用できるサービスの種類と量について支給決定を行う。利用者は、決定された給付内容に基づいて、指定特定相談支援事業者の作成するサービス等利用計画を用いて指定事業者と利用契約を結ぶことでサービスの提供を受けることができる。利用者は一部利用者負担を指定事業者に支払う。

　利用者と指定事業者が契約を結ぶため、権利義務関係は明確化されている。本来、自立支援給付費を受領するのは利用者であるが、この方式では利用者に代わって指定事業者が給付費を請求・受領する代理受領のしくみが採用されている。介護保険方式とは違い、月々の保険料の支払いはない。

---

*2　ただし、2019（令和元）年10月より、幼稚園、保育所、認定こども園などを利用する3〜5歳児、および住民税非課税世帯の0〜2歳児の利用料が無償化されたので、これに該当する場合は利用料は徴収されない。

Step3

1. 社会福祉施設とは

　一般に社会福祉施設および福祉サービス事業とは、社会福祉法第2条に列記されている第1種社会福祉事業と第2種社会福祉事業のことを指している。第1種社会福祉事業とは、利用者への影響が大きいため、経営安定を通じた利用者の保護の必要性が高い事業、主として入所施設サービスである。そのため、原則として、国、地方公共団体、社会福祉法人が経営主体である。その他の者が経営しようとするときには都道府県知事等の許可が必要となる。第2種社会福祉事業とは、公的規制よりも事業者の自主性と創意工夫が求められる事業、主として在宅福祉サービス等である。経営主体の制限は特になく、届出をすることにより事業経営が可能となる。

　これまでは、社会福祉法を根拠法として設立される社会福祉法人が、社会福祉施設や福祉サービス事業を担ってきた歴史があった。社会福祉事業の特性上、特に安定性、継続性が求められるために、社会福祉法人には施設整備における補助制度や税制上の優遇措置が講じられてきた。しかし、近年では、民間営利企業や特定非営利活動法人（NPO法人）等が参入し、福祉サービス事業の担い手が多様となる福祉多元主義が趨勢となっている。

　こうした流れを受けて、社会福祉法人にも行政の支援以外の経営基盤の安定化策が必要となってきた。社会福祉法第24条では「自主的にその経営基盤の強化を図る」ことが求められており、社会福祉法人は社会福祉事業以外の公益事業や収益事業で独自の経営資源を得ることが可能になっている（同法第26条）。

2. 社会福祉施設の種類

　次に、社会福祉施設や福祉サービス事業には具体的にどのようなものがあるかをみていきたい。福祉関係諸法には各種社会福祉施設が列記されており、一般的に社会福祉施設はこれらのことを指している。ここでは、保育者と特に関係深いと思われる児童福祉法、母子及び父子並びに寡婦福祉法にかかわる施設を説明する。

　児童福祉法第7条には児童福祉施設が列挙され、第36条から第44条の2にかけてそれぞれの施設の目的が記されている。母子及び父子並びに寡婦福祉法第39条には母子・父子福祉施設が列挙され、その第2項と第3項にそれぞれの施設の目的が記されている。**図表4-4**に、それぞれの施設についてまとめる。ただし、近年の傾向として、必ずしも固定した施設をつくらない事業が増えてきたということも確認しておきたい（障害児通所支援事業、放課後児童健全育成事業など）。

図表4-4 児童福祉施設

施設名・根拠条文	施設の目的
助産施設 （児童福祉法第36条）	保健上必要があるにもかかわらず、経済的理由により、入院助産を受けることができない妊産婦を入所させて、助産を受けさせること。
乳児院 （児童福祉法第37条）	乳児（保健上、安定した生活環境の確保その他の理由により特に必要のある場合には、幼児を含む。）を入院させて、これを養育し、あわせて退院した者について相談その他の援助を行うこと。
母子生活支援施設 （児童福祉法第38条）	配偶者のない女子またはこれに準ずる事情にある女子およびその者の監護すべき児童を入所させて、これらの者を保護するとともに、これらの者の自立の促進のためにその生活を支援し、あわせて退所した者について相談その他の援助を行うこと。
保育所 （児童福祉法第39条）	保育を必要とする乳児・幼児を日々保護者の下から通わせて保育を行うこと。ただし、特に必要があるときは、保育を必要とするその他の児童を日々保護者の下から通わせて保育すること。
幼保連携型認定こども園 （児童福祉法第39条の２）	義務教育およびその後の教育の基礎を培うものとしての満３歳以上の幼児に対する教育および保育を必要とする乳児・幼児に対する保育を一体的に行い、これらの乳児または幼児の健やかな成長が図られるよう適当な環境を与えて、その心身の発達を助長すること。
児童厚生施設 （児童福祉法第40条）	児童遊園、児童館等児童に健全な遊びを与えて、その健康を増進し、または情操をゆたかにすること。
児童養護施設 （児童福祉法第41条）	保護者のない児童（乳児を除く。ただし、安定した生活環境の確保その他の理由により特に必要のある場合には、乳児を含む。）、虐待されている児童その他環境上養護を要する児童を入所させて、これを養護し、あわせて退所した者に対する相談その他の自立のための援助を行うこと。
障害児入所施設（福祉型） （児童福祉法第42条第１号） 障害児入所施設（医療型） （同条第２号）	障害児を入所させて、保護、日常生活の指導および独立自活に必要な知識技能の付与を行うこと。 障害児を入所させて、保護、日常生活の指導、独立自活に必要な知識技能の付与および治療を行うこと。
児童発達支援センター （福祉型） （児童福祉法第43条第１号） 児童発達支援センター （医療型） （同条第２号）	障害児を日々保護者の下から通わせて、日常生活における基本的動作の指導、独立自活に必要な知識技能の付与または集団生活への適応のための訓練を提供すること。 障害児を日々保護者の下から通わせて、日常生活における基本的動作の指導、独立自活に必要な知識技能の付与または集団生活への適応のための訓練および治療を提供すること。
児童心理治療施設 （児童福祉法第43条の２）	家庭環境、学校における交友関係その他の環境上の理由により社会生活への適応が困難となった児童を、短期間、入所させ、または保護者の下から通わせて、社会生活に適応するために必要な心理に関する治療および生活指導を主として行い、あわせて退所した者について相談その他の援助を行うこと。
児童自立支援施設 （児童福祉法第44条）	不良行為をなし、またはなすおそれのある児童および家庭環境その他の環境上の理由により生活指導等を要する児童を入所させ、または保護者の下から通わせて、個々の児童の状況に応じて必要な指導を行い、その自立を支援し、あわせて退所した者について相談その他の援助を行うこと。
児童家庭支援センター （児童福祉法第44条の２）	地域の児童の福祉に関する各般の問題につき、児童に関する家庭その他からの相談のうち、専門的な知識および技術を必要とするものに応じ、必要な助言を行うとともに、市町村の求めに応じ、技術的助言その他必要な援助を行うほか、法の規定による指導を行い、あわせて児童相談所、児童福祉施設等との連絡調整その他内閣府令の定める援助を総合的に行うこと。
母子・父子福祉センター （母子及び父子並びに寡婦福祉法第39条第２項） 母子・父子休養ホーム （同条第３項）	無料または低額な料金で、母子家庭等に対して、各種の相談に応ずるとともに、生活指導および生業の指導を行う等母子家庭等の福祉のための便宜を総合的に供与すること。 無料または低額な料金で、母子家庭等に対して、レクリエーションその他休養のための便宜を供与すること。

感染症対策のため、「新型インフルエンザ等対策特別措置法」が2013（平成25）年4月に施行され、社会福祉施設における緊急時の対応が注目されている。同法では、サービスの停止等により利用者の生命維持に重大・緊急の影響がある社会福祉施設には、事業継続計画（Business Continuity Planning：BCP）の作成を求めている。新型コロナウイルス等感染症や大地震などの災害に対応して、2021（令和3）年に施行された「令和3年度介護報酬改定における改定事項について」では、2024（令和6）年3月までに、介護施設、事業所においてBCPの策定を義務づけている。BCPとは、緊急時における事業活動レベルの落ち込みを小さくし、復旧に要する時間を短くすることを目的に作成されるものである。緊急時の建物設備の損壊（そんかい）、社会インフラの停止、災害時対応業務の発生による人手不足などへの対処が求められる。

参考文献

● 畑本裕介『新版 社会福祉行政──福祉事務所論から新たな行政機構論へ』法律文化社，2021.
● 「精神保健福祉センター運営要領について」（平成8年1月19日健医発第57号）
● 総務省編『令和4年版 地方財政白書』2022.
● 厚生労働省「令和2年度 福祉行政報告例の概況」2021.

COLUMN　福祉行政で求められるのは脱たらい回し

　例えば、あなたの所得が少なく生活に困窮（こんきゅう）したとしよう。そのときに、足を運ぶ福祉にまつわる公的・準公的機関の窓口は数が多すぎる。生活に困って当座のお金が必要ならば、生活福祉資金を借りるために社会福祉協議会の窓口を訪れなければならない。その後、緊急事態を脱して、働けるようになるまでの中・長期のお金が必要ならば、生活保護を受給するために福祉事務所を訪ねる。さらにその後、生活が落ち着いて、自立のための職業を見つけようと求職・職業訓練を希望するならば、公共職業安定所（ハローワーク）の門をたたかなければならない。

　このように、必要なサービスはあっても、その窓口の数が多すぎて、情報を集めるのが得意な人でなければ、これらを十分に活用するのは難しい。そのため、現代の福祉行政には、なるべく1か所でどのサービスにもつながることができるように総合窓口（ワンストップ窓口）をつくったり、社会福祉士などの専門職を一人ひとりの利用者ごとに割り当てて、困窮の始まりから終わりまでの支援を担当するといった工夫が求められている。　（畑本裕介）

第5講

社会福祉の専門職

本講では、はじめに社会福祉分野（対人援助）における専門職とは何かを学ぶ。次に、それらをふまえ、社会福祉の資格の定義や役割・機能等を、根拠となる法律から理解する。さらに、児童福祉施設に配置される専門職およびその他の専門職との連携・協働の意味について学び、最後に、地域における多職種および地域住民との連携・協働の動向について理解する。

Step 1

1. 専門職の条件と専門性の構造

　専門職とは、社会から信頼に基づいて託された職務のことをいい、社会的責任を負うことになる。特に対人援助の専門職に従事している者は、その責務として社会から期待されている役割の遂行は最低限の条件であり、その行動は「あるべき」または「するべき」側面と、「してはならない」という禁止の側面がある。これらは、法律上許されない事柄よりもさらに厳格な内容が、各種団体より「倫理綱領」によって行動規範・行動基準として示されている。全国保育士会では、保育士のさらなる質の向上をめざし、保育士資格の法定化を機に倫理綱領を定め、2003（平成15）年2月に「全国保育士会倫理綱領」を採択した。

　援助者の専門性の構造を家の構造にたとえてみたい。援助者はまず、共通した価値前提（①人間の尊重、②人間の社会性、③人間の変化の可能性）・価値観を土台（基礎）としてもち、そしてその土台（基礎）の上に、援助者個々人が仕事に対する生きがいややりがいを見出す主体性と、クライエントのみならず職場の同僚ともよい人間関係を形成する社会性という2つを屋根を支える柱とし、高度な専門知識と技術、および社会福祉の価値・倫理を屋根の部分とする構造をもつと考えられる。援助者はこれらの土台（基礎）・柱・屋根をもち合わせて完成された家（専門職）となる。

　一方、専門性を支える3つの要素として、「価値（倫理）」「知識」「技能（技術）」があげられ、この3つの要素はどれが欠けても専門職の活動は成立しないといわれている。これらの構成要素は個人の資質もさることながら、専門教育（養成教育）によって培われていくものである。

　特に子ども家庭福祉にたずさわる専門職に求められる実践は、子どもの人権を尊重し、権利を擁護することである。具体的には、「子どもの心身の発達と生活を保障すること」と「子どものウェルビーイングの実現」があげられる。さらに、日々の実践のなかで、常に子どもの声に耳を傾け、子どもの最善の利益を追求する姿勢が求められる。これらの実践は、個人的経験に基づいたものではなく、科学的に実証され、理論的にも裏づけられた専門性に基づいたものでなければならない。

　社会福祉分野（対人援助）における専門職とみとめられる条件としては、次のようなものがあげられている。

①高度の理論体系、②伝達可能な技術、③公共の利益と福祉という目的、④専門職的文化、⑤専門職団体の組織化、⑥専門職の自律性を示す倫理綱領、⑦学歴・テストなどにより証明された能力・資格に対する社会的承認

2. 社会福祉に関する資格の種類

　「専門職」および「専門性」を社会に対して客観的に示すものとして、「資格」が1つの指標としてあげられる。社会福祉に関する資格には、大別すると国家資格と任用資格の2つがある。

国家資格

　社会福祉に関する国家資格は、1987（昭和62）年の「社会福祉士及び介護福祉士法」に規定されている「社会福祉士」と「介護福祉士」、1997（平成9）年の「精神保健福祉士法」に規定されている「精神保健福祉士」、2001（平成13）年に改正された「児童福祉法」によって法定化された「保育士」（2003（平成15）年に施行）が代表的な国家資格である。これらの資格を取得するためには、国家試験に合格することや、養成施設において所定の課程を修了することが必要である。さらに、社会福祉士、介護福祉士、精神保健福祉士は、厚生労働省に備えられている各種の「登録簿」に登録し、それぞれの「登録証」の交付を受けなければならない。保育士は、都道府県にある「保育士登録簿」に登録し、「保育士登録証」の交付を受けなければならないとされている。

　また、これらの国家資格は、医師、看護師、弁護士などの有資格者以外がたずさわることを禁じている「業務独占」かつ「名称独占」資格とは異なり、有資格者以外はその名称を名乗ることができない「名称独占」資格となっている。これらの社会福祉に関する国家資格は、各法律において「信用失墜行為の禁止」と「秘密保持義務」に関する事項の規定がなされている。さらに保育士以外の3つの資格には、「誠実義務」（常に相手の立場に立って誠実にその業務を行うこと）、「連携」（必要に応じて適切に福祉サービス関係者等と連携すること）、「資質向上の責務」（業務に関する技能および知識の向上に努めること）が規定されている。保育士にはこのような法的な規定はなされていないが、同様に守るべき義務があるといえる。また、これらの4つの資格には各種職能団体が組織化され、資格ごとに「倫理綱領」が定められている。

第**5**講　社会福祉の専門職

任用資格

　社会福祉に関する任用資格は、国がみとめた一定の条件を満たすことによって与えられ、行政機関などにおいて特定の職種に就いて活かされる資格である。また、その職種に就いてはじめてその資格を名乗ることができる。社会福祉の分野では、法律に基づく任用資格として「社会福祉主事」[*1]「身体障害者福祉司」「知的障害者福祉司」「児童福祉司」などがある。また、児童福祉関連の資格には、厚生労働省令（施行規則、設備運営基準）および厚生労働省通知（設置要綱）による「児童指導員」「児童自立支援専門員」「児童生活支援員」「母子支援員」「母子・父子自立支援員」「児童の遊びを指導する者」（児童厚生員）、「少年を指導する職員」（少年指導員）、「家庭相談員」「女性相談支援員」などがある。これらの任用資格は、社会福祉領域の職名（職種）に配属される場合に必要とされる資格である。

3. 主な国家資格の概要

（1）保育士

　保育士とは、「専門的知識及び技術をもって、児童の保育及び保護者に対する保育に関する指導を行うことを業とする者」と児童福祉法第18条の4に規定されている。現在、児童福祉施設の設備及び運営に関する基準において、ほとんどの児童福祉施設に配置され、子どもたちの日常的なケアを行っている。1999（平成11）年に「保母（保父）」から保育士に名称が変更され、男女共通の名称になった。さらに、2001（平成13）年に児童福祉法が改正されるまでは政令による資格としての位置づけであったが、2003（平成15）年11月29日より国家資格となった。

　また、保育士の資格は、児童福祉法第18条の6に、①都道府県知事の指定する保育士を養成する学校その他の施設を卒業した者、②保育士試験に合格した者のいずれかに該当する者と規定されている。

　一方、2012（平成24）年に改正された「就学前の子どもに関する教育、保育等の総合的な提供の推進に関する法律」（認定こども園法）により、幼保連携型認定こども園が創設され、この園の勤務に必要な資格として「保育教諭」という名称が設けられた。この保育教諭は、園の機能を果たすために既存の保育士資格と幼稚園教

---

*1　社会福祉法第18条に規定されている任用資格。福祉事務所の職員（現業員・ケースワーカー）として配置されるために必要な資格である。主な業務は、福祉六法に定める援護や育成、更生の措置に関する事務である。

諭免許の両方を取得していることを原則としている。

（2）社会福祉士

　社会福祉士とは、「専門的知識及び技術をもって、身体上若しくは精神上の障害があること又は環境上の理由により日常生活を営むのに支障がある者の福祉に関する相談に応じ、助言、指導、福祉サービスを提供する者又は医師その他の保健医療サービスを提供する者その他の関係者との連絡及び調整その他の援助を行うことを業とする者」と社会福祉士及び介護福祉士法第2条第1項に規定され、一般的に「ソーシャルワーカー」と呼ばれている。

（3）精神保健福祉士

　精神保健福祉士とは、「精神障害者の保健及び福祉に関する専門的知識及び技術をもって、精神科病院その他の医療施設において精神障害の医療を受け、又は精神障害者の社会復帰の促進を図ることを目的とする施設を利用している者の地域相談支援の利用に関する相談その他の社会復帰に関する相談に応じ、助言、指導、日常生活への適応のために必要な訓練その他の援助を行うことを業とする者」と精神保健福祉士法第2条に規定され、一般的に「精神科ソーシャルワーカー」と呼ばれている。

（4）介護福祉士

　介護福祉士とは、「専門的知識及び技術をもって、身体上又は精神上の障害があることにより日常生活を営むのに支障がある者につき心身の状況に応じた介護（喀かく痰たん吸引その他のその者が日常生活を営むのに必要な行為であって、医師の指示の下に行われるものを含む。）を行い、並びにその者及びその介護者に対して介護に関する指導を行うことを業とする者」と社会福祉士及び介護福祉士法第2条第2項に規定され、一般的に「ケアワーカー」と呼ばれている。

第5講　社会福祉の専門職

Step2

1. 児童福祉施設に配置される専門職

　厚生労働省令および厚生労働省通知（設置要綱）による児童福祉関連の任用資格として、児童指導員、児童自立支援専門員、児童生活支援員、母子支援員、母子・父子自立支援員、児童の遊びを指導する者（児童厚生員）、少年を指導する職員（少年指導員）、家庭相談員、女性相談支援員などがある。これらの任用資格は、社会福祉領域の職名（職種）に配属される場合に必要とされる資格である。「児童福祉施設の設備及び運営に関する基準」（以下、「設備運営基準」）に基づき配置される職員の種類の一覧は、巻頭のカラー口絵を参照されたい。

（1）児童指導員

　児童指導員は、児童養護施設をはじめ多くの児童福祉施設に配置され、保育士とは車の両輪のような役割を担っている。資格要件は、設備運営基準第43条に規定され、①指定された児童福祉施設の職員を養成する学校その他の養成施設を卒業した者、②社会福祉士、③精神保健福祉士、④大学（短期大学を除く）、大学院、外国の大学で社会福祉学、心理学、教育学、社会学を専修する学科を卒業した者、⑤高等学校などを卒業し2年以上児童福祉事業に従事したもの、⑥幼稚園、小学校、中学校、高等学校等の教諭となる資格を有する者で都道府県知事が適当と認めたもの⑦3年以上児童福祉事業に従事した者であって、都道府県知事が適当と認めた者などのいずれかに該当する者とされている。

　児童指導員の業務内容は、施設の種別によって若干異なるが、保育士と連携して子どもの生活全般にかかわり、学習指導、施設行事の企画、個別支援計画の作成、家族関係調整、就労指導（自立支援）、児童相談所をはじめとする関係機関との連絡調整等を行っている。

（2）児童自立支援専門員および児童生活支援員

　児童自立支援専門員は、児童自立支援施設に配置され、児童の自立支援を行う者である。資格要件は、設備運営基準第82条に規定され、①医師（精神保健に関して学識経験を有する者）、②社会福祉士、③指定された児童自立支援専門員を養成する学校その他の養成施設を卒業した者、④大学などで社会福祉学、心理学、教育学、社会学を専修する学科を卒業した者で1年以上児童自立支援事業に従事したものや児童福祉司または社会福祉主事となる資格を有する者で相談援助業務に従事した期間・社会福祉施設の職員として勤務した期間の合計が2年以上であるもの、⑤高等学校等を卒業し3年以上児童自立支援事業に従事したものや社会福祉主事となる資格を有する者で上記④の期間の合計が5年以上であるもの、⑥小学校、中学

校、高等学校等の教諭となる資格を有する者で1年以上児童自立支援事業に従事したものまたは2年以上教員として職務に従事したものなどのいずれかに該当する者とされている。

一方、児童生活支援員は、児童自立支援施設において児童の生活支援を行う者であり、児童自立支援専門員とは車の両輪のような役割を担っている。資格要件は設備運営基準第83条に規定され、①保育士、②社会福祉士、③3年以上児童自立支援事業に従事した者のいずれかに該当する者と規定されている。

（3）母子支援員および少年を指導する職員

母子支援員は、母子生活支援施設に配置され、母子の生活支援を行う者である。資格要件は設備運営基準第28条に規定され、①指定された児童福祉施設の職員を養成する学校その他の養成施設を卒業した者、②保育士、③社会福祉士、④精神保健福祉士、⑤高等学校等を卒業した者で2年以上児童福祉事業に従事したものなどのいずれかに該当する者と規定されている。

また、少年を指導する職員（少年指導員）は、母子生活支援施設に配置される職員として設備運営基準第27条に規定されているが、資格要件や業務内容について明記されておらず、事務職との兼務がみとめられている。

（4）児童の遊びを指導する者

児童の遊びを指導する者は、児童厚生施設（児童館等）に配置され、子どもの健全育成を目的として、遊びを通して子どもの心身の健康増進や情緒の安定をはかる役割を担っている。資格要件は設備運営基準第38条に規定され、①指定された児童福祉施設の職員を養成する学校その他の養成施設を卒業した者、②保育士、③社会福祉士、④高等学校等を卒業した者で2年以上児童福祉事業に従事したもの、⑤幼稚園、小学校、中学校、高等学校等の教諭の免許を有する者、⑥大学などにおいて社会福祉学、心理学、教育学、社会学、芸術学、体育学を専修する学科を卒業した者などに該当する者で児童厚生施設の設置者が適当と認めたものと規定されている。「児童の遊びを指導する者」は、1997（平成9）年の児童福祉法改正以前は「児童厚生員」として規定されていたが、名称変更となり職種名ではなくなった。

（5）児童発達支援管理責任者

児童発達支援管理責任者は、障害児入所施設および児童発達支援センターなどに配置され、児童の発達の課題を把握し、個別支援計画の作成や集団療育の企画・管理等を行う。なお、令和元年度より、児童発達支援管理責任者にかかる研修制度が見直され、これまで分野ごとに実施していた研修を統合したうえで、基礎研修、実践研修に分けた段階的な研修となった。あわせて、現任者を対象とした更新研修が

創設された。

2. 児童福祉施設に配置されるその他の専門職

　国は、児童福祉施設等の入所児童について、早期の家庭復帰などを支援する体制を強化するとともに、被虐待児童等に対する適切な援助体制を確保するため、家庭支援専門相談員（ファミリーソーシャルワーカー）、心理療法を担当する職員（心理療法担当職員）、個別対応職員を児童養護施設等に配置し、日常生活のケアを行う児童指導員や保育士と連携しながら、親子関係の再構築に向けて取り組んでいる。

（１）家庭支援専門相談員（ファミリーソーシャルワーカー）

　家庭支援専門相談員は、児童養護施設、乳児院、児童心理治療施設、児童自立支援施設に配置されている。業務は、虐待等の家庭環境上の理由により入所している児童の保護者等に対し、児童相談所との密接な連携をもとに電話、面接などにより児童の早期家庭復帰、里親委託等を可能とするための相談援助等の支援を行い、入所児童の早期の退所を促進し、親子関係の再構築をはかることである。

（２）心理療法を担当する職員（心理療法担当職員）

　心理療法を担当する職員は、配置について対象人数に関する規定等があり、児童養護施設、乳児院、母子生活支援施設、児童心理治療施設、児童自立支援施設に配置されている。業務は、虐待等による心的外傷等のため心理治療を必要とする児童等および夫などからの暴力等による心的外傷等のため心理療法を必要とする母子に、遊戯療法やカウンセリング等の心理療法を実施し、心理的な困難を改善し、安心感・安全感の再形成および人間関係の修正等をはかることにより、対象児童等の自立を支援することである。

　心理療法を担当する職員は、乳児院、児童養護施設、母子生活支援施設の場合、大学（短期大学を除く）もしくは大学院において、心理学を専修する学科、研究科もしくはこれに相当する課程を修めて卒業した者であって、個人および集団心理療法の技術を有する者、またはこれと同等以上の能力を有すると認められる者である。また、児童自立支援施設および児童心理治療施設の場合は、さらに心理学に関する科目の単位を優秀な成績で修得したことにより、大学院への入学が認められた者であって、個人および集団心理療法の技術を有し、かつ、心理療法に関する１年以上の経験を有するものである。

（3）個別対応職員

　個別対応職員は、児童養護施設、乳児院、母子生活支援施設、児童心理治療施設、児童自立支援施設に配置されている。業務は、虐待を受けた児童等の施設入所の増加に対応する（ほかの人との関係を再び良好にするためのケアや、どのように甘えたらよいかわからないなどの愛着障害をかかえている児童のケアを行う）ため、個別の対応が必要な児童への一対一の対応や保護者への援助等を行い、虐待を受けた児童への対応の充実を図ることである。

（4）里親支援専門相談員（里親支援ソーシャルワーカー）

　里親支援専門相談員は、児童養護施設および乳児院に配置されている。これらの施設に、地域の里親およびファミリーホームを支援する拠点としての機能をもたせ、児童相談所の里親担当職員、里親委託等推進員、里親会等と連携して、所属施設の入所児童の里親委託の推進、退所児童のアフターケアとしての里親支援、所属施設からの退所児童以外を含めた地域支援としての里親支援を行い、里親委託の推進および里親支援の充実を図る。業務は、①里親の新規開拓、②里親候補者の週末里親等の調整、③里親への研修、④里親委託の推進、⑤里親家庭への訪問および電話相談、⑥レスパイト・ケアの調整、⑦里親サロンの運営、⑧里親会の活動への参加勧奨および活動支援、⑨アフターケアとしての相談である。

Step3

地域における多職種および地域住民との連携・協働

法律に基づき地域で活動する福祉ボランティア

　「民生委員」は、民生委員法に規定され、都道府県知事から推薦（すいせん）された者を厚生労働大臣が委嘱（いしょく）するもので、その任務（第1条）は、「社会奉仕の精神をもって、常に住民の立場に立って相談に応じ、及び必要な援助を行い、もって社会福祉の増進に努めるものとする」とされている。また、民生委員は児童福祉法に規定されている「児童委員」も兼ねており、児童や妊産婦（にんさんぷ）の見守り・相談・支援等も行う。

　「主任児童委員」は、民生委員・児童委員のなかから厚生労働大臣が指名し、その職務は、民生委員・児童委員の活動に関しての相談等のほか、児童福祉関係機関とほかの児童委員との連絡調整等を行う。特定の区域を担当せず、児童に関する専門的知識・経験を有して活動を行う。

　「里親」は、児童福祉法第6条の4に規定されており、要保護児童を養育することを希望する者で、省令で定める研修等を終了し、都道府県知事の認定を受け、名簿に登録された者である。その役割は、都道府県知事の委託により、何らかの事情により家庭での養育が困難または受けられなくなった子ども（要保護児童）等を、児童福祉施設等に代わって温かい愛情と正しい理解をもった家庭環境のもとで養育することである。

地域全体で支援する体制

　図表5-1に示したように、私たちの住む地域社会には、専門的な機関・施設とそのなかで働く専門職がおり、それぞれの役割を担っている。その一方で、地域住民が福祉ボランティアとして活動し、要支援家庭などをサポートしている。

　また、近年では社会福祉協議会にコミュニティソーシャルワーカー（CSW）を配置し、地域の福祉ニーズに応えながら、福祉問題・福祉課題の解決に向けて、支援ネットワークづくりを行っている。

　今後は、公・私および専門機関（専門職）、地域住民が連携・協働して、地域住民を主体とした地域包括ケアを実現していくことが求められている。

図表5-1　地域社会の社会資源と専門職

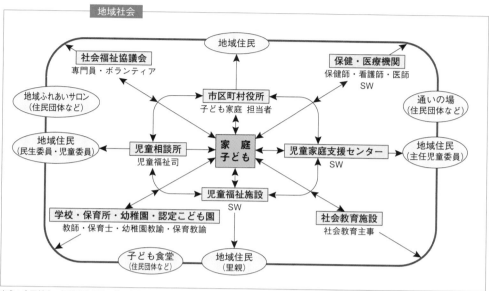

出典：倉石哲也・伊藤嘉余子監，倉石哲也・小崎恭弘編著『MINERVA はじめて学ぶ子どもの福祉2　社会福祉』ミネルヴァ書房，p.174，2017.
　　　をもとに作成。

参考文献

●太田義弘・佐藤豊道編『社会福祉入門講座 2　ソーシャル・ワーク──過程とその展開』海声社，1984.

●Z・T・ブトゥリム，川田誉音訳『ソーシャルワークとは何か──その本質と機能』川島書店，1986.

●「家庭支援専門相談員，里親支援専門相談員，心理療法担当職員，個別対応職員，職業指導員及び医療的ケアを担当する職員の配置について」（平成24年 4 月 5 日雇児発0405第11号）

●岩間伸之『支援困難事例と向き合う──18事例から学ぶ援助の視点と方法』中央法規出版，2014.

●倉石哲也・伊藤嘉余子監，倉石哲也・大竹智編著『MINERVA はじめて学ぶ子どもの福祉 3　相談援助』ミネルヴァ書房，2017.

COLUMN　保育士の給料が安いのはだれにでもできるから？

　2017（平成29）年11月、実業家・投資家である人物が発した「保育士の給料が安いのはだれにでもできるから」のツイートが炎上したとネットニュースで流れた。この発言は、この人物だけではなく、私たちの周囲の人々の認識でもあると思われる。果たしてそうなのであろうか？

　社会福祉の業務分野は、相談、保育、介護など、日常生活のなかで私的な関係（友人や家族など）において行われているものである。そのことが、「だれにでもできる仕事」という認識になってしまっている。しかし、保育士の仕事は、社会的関係にある人々に対して提供される支援である。保育士の目の前で繰り広げられるクライエントの言動について、保育士はその背後にある問題・課題に焦点をあて、その言動を理解しようとする。その取り組みは、専門的な知識、技術および社会福祉の倫理・価値を基盤に行われているのである。

（大竹　智）

第6講

社会保障および関連制度の概要

社会保障制度はいったいだれを「対象」としているのだろうか。どのような「分野」があり、いかなる「方法」で私たちの暮らしを守っているのだろうか。そしてそれは、現代社会のなかでどのような「役割」を果たしているのだろうか。本講では、こうした問いに答えたあと、保育士の業務と直接関連する「子育て世帯」がなぜ貧困に陥ってしまうのか、その背景について考えていく。

Step 1

1. 社会保障制度とは

　社会保障とは、国民に健やかで安心できる生活を保障しようとする公共的な取り組みをいう。以下、社会保障制度の「対象」「分野」「方法」について解説する。

　社会保障制度の「対象」は、国民の生活である。暮らしを脅かす種々の生活問題から国民生活を守ることが社会保障制度の基本的な役割といえる（役割については後述）。自助努力で生きることが基本であるとしても、「自助」は思いのほか脆弱である。病気やけがなどが原因で働けなくなれば、遅かれ早かれ、自分も家族も貧困に陥る。そうならないように、民間保険への加入や貯蓄等の資産形成をはじめとする私的な備えが欠かせない。また、地縁や血縁に基づく「互助」（助け合い）も重要である。

　しかし、私的な備えができる余裕のある人ばかりではないし、互助のつながりをもたない人もいる。私的な備えに失敗することもある。社会保障による「共助」（社会保険）と「公助」（社会扶助・社会サービス）があれば、生活の安全・安心は強固なものになる。

　社会保障制度の全体像は、**図表6-1**のように4つの分野に整理できる。「分野」とは、目的別のグループのようなものととらえてよい。雇用保障分野は雇用されて働く人々の支援を、所得保障分野は購買力の維持を、健康保障分野は健康の維持・増進・回復を、自立保障分野は心身や生計の自立の支援を目的とした制度の集まり

図表6-1 社会保障制度の全体像：主な分野と方法

分野　＼　方法	社会保険	社会扶助
雇用保障	労働保険 ・雇用保険制度 ・労働者災害補償保険制度	生活保護制度（生業扶助） 求職者支援制度 就労支援サービス
所得保障	年金保険 ・国民年金制度 ・厚生年金保険制度	生活保護制度（生活扶助） 児童手当制度 児童扶養手当制度
健康保障	医療保険 ・国民健康保険制度 ・健康保険制度 ・共済組合 ・後期高齢者医療制度	生活保護制度（医療扶助） 保健サービス 公費負担医療
自立保障	介護保険制度	生活保護制度（相談援助） 生活困窮者自立支援制度 各種の社会福祉制度

となっている。

　それぞれの分野では、私たちの暮らしを守るために2種類の「方法」が用いられている。社会保険は、事前に保険料を集め、生活を脅かす各種のリスクに備える方法である。強制加入であり税金も投入されている点で、民間の保険とはまったく異なる。社会扶助は、税金を財源とする給付によって生活上のさまざまなニーズを充足する方法であり、社会保険をバックアップしている。このように社会保障制度は、保険と扶助の二段構えで国民の暮らしを守っているのである。

2. 日本の社会保障制度の概要

　日本の社会保障の主な制度を先述の4分野に沿って解説する。

　雇用保障分野の基本制度は、労働保険（雇用保険制度と労働者災害補償保険制度（労災保険制度））である。雇用保険制度は、雇用維持と求職時の生活保障を目的に、就職や雇用継続を図るための就職促進給付や教育訓練給付などの給付とともに、雇用安定事業と能力開発事業を実施している。労災保険制度は、労災発生時に生活費や医療費等を給付する制度であり、療養（補償）等給付や休業（補償）等給付などを提供している。近年では求職者支援制度をはじめ、就労を積極的に支援するための取り組みが進められている。

　所得保障分野の支柱は、「国民皆年金」を実現した2階建ての公的年金制度である。公的年金制度は、国民共通の国民年金（基礎年金）が1階部分、民間被用者の厚生年金保険や自営業者等の国民年金基金が2階部分となっている。公的年金の方法は「社会保険」であるが、「社会扶助」の方法による所得保障の制度には、公的扶助としての生活保護制度（生活扶助）と、社会手当としての児童手当制度や児童扶養手当制度がある。

　健康保障分野は、保健制度と医療保険制度からなる。保健制度は、生活環境対策（上下水道等）、母子保健（乳幼児健診等）、労働衛生（健康診査等）、環境保健（公害対策等）などにより、健康保障分野の基盤を担っている。個々人の病気やけがは「社会保険」で対応される。「国民皆保険」を実現した日本の医療保険制度は、職域と地域に分かれている。職域保険のうち一般被用者は健康保険、公務員等は共済組合に加入し、それ以外（自営業者、無職等）は地域保険である国民健康保険に加入する。健康保険の保険者には、全国健康保険協会管掌健康保険（協会けんぽ）と組合管掌健康保険（組合健保）がある。75歳以上の高齢者は後期高齢者医療制度が対応する。また、上記の保健制度とも重なる各種の公費負担医療制度がある。

自立保障分野の中心は、社会福祉制度である。社会福祉制度には、認定された高齢者に各種サービスを提供する介護保険制度、保育・子育て支援・児童虐待予防対策を含む子ども家庭福祉制度、障害となることで、健常者中心につくられた社会のしくみにより不利を被っている人々に各種の支援やサービスを提供する障害福祉制度などがある。これらの制度は、自立した生活を営むにあたって、上記の各分野の制度では十分に対応できない人々を対象に、追加的な支援を提供する。近年では、社会福祉制度と関連政策分野（教育、住宅、司法など）との接点が重視されており、特に次世代育成支援対策については、分野横断的な政策が展開されるようになっている。

3. 社会保障制度の役割①——所得再分配

　社会保障制度は、さまざまな役割を果たしている。ここでは、①所得再分配、②リスク分散、③その他の役割について解説する。

　所得再分配とは、国が国民から集めたお金を、政策的な目的に基づいて、再び配り直すことをいう。一般に、国が国民からお金を集めるやり方としては、「税」として徴収する場合と、「社会保険料」として徴収する場合がある。集め方はこの2つが基本だが、集めたお金の配り方（所得の移転・再分配の仕方）は多様である。税金を使って実施されている公共サービス（公教育や保健事業など）は、何らかの形で所得再分配を行っていることになる。

　そのような公共サービス全般にみられる所得再分配とは異なり、社会保障制度を通じた所得再分配は、もう少し目的がはっきりしており、所得格差（結果の不平等）の是正が目的である。特に「社会扶助」の方法を用いた制度は、所得の多い人から少ない人への所得再分配であることが見えやすい。社会保障制度には、再分配によって「結果の不平等」を是正するだけでなく、「機会の平等」をめざすことも期待されている。「結果の不平等」が世代を経由することで「機会の不平等」を招く現象は、後述の「子どもの貧困対策の推進に関する法律」（子どもの貧困対策法）が取り組もうとしている「貧困の世代間連鎖」という問題として知られている。

　所得再分配には以下の3つの種類がある。

・**垂直的再分配**…高所得層から低所得層へと所得を移転すること。
・**水平的再分配**…同じ所得階層間で所得を移転すること。
・**世代間再分配**…現役世代から退職世代へと所得を移転すること。

　では、社会保障制度は所得再分配の役割を果たすことで、本当に所得格差を縮小

させているのだろうか。厚生労働省の「平成29年所得再分配調査報告書」によれば、1世帯あたりの平均当初所得（再分配前の所得）額は年額429.2万円で、平均再分配所得は499.9万円とされている。報告書は「社会保障や税による所得再分配によって、100万円未満および1000万円以上の所得階級の世帯の割合が減少し、100万円以上800万円未満の世帯の割合が増加した。つまり、所得再分配後の世帯分布は当初所得の分布より中央に集中している」と指摘している。

4. 社会保障制度の役割②──リスク分散

　社会保障制度が対処しているリスクは、失業・労災・病気などが原因で稼働収入が途絶えてしまうおそれであり、「社会的リスク」とも呼ばれる。社会保障制度によるリスク分散とは、これらの社会的リスクを国民同士が分かち合っていくようにする役割のことをいう。

　しかし、生活を脅かすリスクのすべてが、社会保険によってカバーされるわけではない。リスクに備えられず、貧困として現れることもある。その際には、公的扶助による対応がなされる。なお、今日では、そうした従来のしくみでは対応しにくいリスクが増えている。これらは「新しい社会的リスク」と呼ばれているが、この点については後述する。

5. その他の役割──防貧と救貧、経済と社会の安定化

　貧困に陥ることを予防する役割を「防貧」、貧困に陥った者を救済する役割を「救貧」という。前者は、主に「社会保険」や「社会手当」の方法を用いた制度に期待され、後者は、主に「公的扶助」の方法を用いた制度に期待されている。

　そして社会保障制度は、経済と社会の安定化に寄与するという役割も担っている。「経済の安定化」とは、所得保障制度によって人々の購買力を維持することで消費需要を一定に保ち、結果として景気変動をなだらかにする役割をいう。個人給付による消費需要（有効需要）の維持や創出のほかに、社会保障制度の実施に必要なマンパワーの育成と雇用が、経済成長に貢献することも期待される。また「社会の安定化」とは、上記の役割を果たすことで、社会的・政治的な敵対関係（階級や階層の分断、経済的な格差や不平等など）を緩和させたり、制度による互酬（助け合い）を通じて人々の連帯意識を高めたりする役割をいう。

Step2

1. 子育て世帯の現状

Step 2 では、保育士の業務と直接関連する「子育て世帯」の現状と、その支援にかかわる制度について解説する。まず、子育て世帯を取り巻く状況を確認してみたい。そのポイントは次の4点に整理できる[*1]。

①20～30代の若年層の所得分布が低所得層にシフトしている。②30～34歳の男性で非典型雇用者の有配偶率は、正社員の人の半分以下となっている。③出産退職した正社員の女性の約30%が仕事と育児の両立困難を理由に退職している。④子育て期にある30代・40代男性については、2021（令和3）年で、それぞれ9.9%、10.4%が週60時間以上就業しており、ほかの年齢層に比べ高い水準となっている。

①②からは、低所得のために結婚しない／できない人もいるということがわかる。また、③④からは、夫の家事育児関連時間は年々増加しているものの、依然として妻の家事育児関連時間より短いということがわかる。

2. ひとり親世帯の現状

他方で、ひとり親世帯の親は、育児も仕事も一手に引き受けねばならず、仕事と家庭生活との両立どころの話ではない。次に、このひとり親世帯の現状を、厚生労働省「全国ひとり親世帯等調査結果報告」（平成28年度）で確認してみたい。そのポイントは次の6点に整理できる。

①母子世帯の平均年間収入（同居親族を含む世帯全員の収入）は348万円、父子世帯は573万円であり、児童のいる世帯の平均所得（707.8万円）を100とすると、それぞれ49.2、81.0となる。②母子世帯の母の81.8%が就業しており、このうち「正規の職員・従業員」が44.2%と最多で、次いで「パート・アルバイト等」が43.8%となっている。③就業している母のうち「正規の職員・従業員」の平均年間収入は305万円である。④母子世帯の39.7%は、預貯金額が「50万円未満」となっている。⑤子どもについての悩みでは、母子世帯・父子世帯ともに「教育・進学」が最も多く、次いで「しつけ」となっている。⑥困っていることの内訳は、母子世帯では「家計」50.4%、「仕事」13.6%、「自分の健康」13.0%となっており、父子世帯では「家計」38.2%、「家事」16.1%、「仕事」15.4%となっている。

以上から、ひとり親世帯のなかでも、特に母子世帯における育児のためのお金と

---

*1　内閣府『令和4年版 少子化社会対策白書』pp.23～28, 2022.

時間の不足がきわめて深刻であることがわかる。働いているシングルマザーの4割以上は非正規の仕事に就いており、その平均年収は133万円と、①で述べた母子世帯の平均年収の3分の1程度であり、大部分が「ワーキングプア」（働いているのに貧困に陥っている人々）の状態にある。

3. 子どもの貧困の現状

　こうしたひとり親世帯の貧困は、そこに暮らす子どもの貧困でもある。ここで「子どもの貧困」の現状を確認してみたい。そのポイントは次の5点に整理できる。

　①2019（令和元）年国民生活基礎調査によると、子どもの貧困率は、2018（平成30）年には13.5％となっており、約7人に1人の子どもが貧困状態にあることがわかる。②子どもがいる現役世帯の貧困率は12.6％だが、そのうち、大人が1人の世帯の貧困率は48.1％であり、大人が2人以上いる世帯（10.7％）に比べて高水準となっている。③子どもがいる現役世帯のうち、大人が1人の世帯の相対的貧困率は、OECD加盟国中、韓国に次いで高い。④経済的理由により「就学援助」を受けている小・中学生は、2020（令和2）年には約132万人である。⑤就学援助率は平成24年度には過去最高の15.64％となったが、2020（令和2）年には14.42％と高止まりが続いている。

　こうした子どもの貧困の深刻化を受け、2013（平成25）年6月に「子どもの貧困対策の推進に関する法律」（子どもの貧困対策法）が成立した。同法は、子どもの現在および将来が生まれ育った環境によって左右されることのない社会をめざしつつ、貧困の連鎖を防ぐために、環境整備や各種支援を総合的に推進することを目的としている。その具体策として、2014（平成26）年8月に閣議決定された「子供の貧困対策に関する大綱」には、①貧困の世代間連鎖の解消と積極的な人材育成を目指す、②第一に子どもに視点を置いて切れ目のない施策の実施等に配慮する、③子どもの貧困の実態を踏まえて対策を推進する、④子どもの貧困に関する指標を設定し、その改善に向けて取り組む、といった基本方針が示されている。その後、2019（令和元）年6月には同法が改正され、同年11月に新しい大綱が閣議決定された。

4. 生活保護制度の概要

　老若男女を問わず、貧困に陥ったすべての人々の生活保障と自立支援の要をなしているのが生活保護制度である。

生活保護は、「健康で文化的な最低限度の生活」を保障することで国民の生存権を実質化するための制度である。貧困に陥っていれば、その原因を問わず、また就労能力の有無とも関係なく、無差別平等に「最低限度の生活」が保障されるとともに、受給者の状態に即して「自立」に向けた支援が提供される。

　2022（令和4）年6月時点の生活保護の受給者数は約203.4万人であり、多くの国民を生活保護制度が支えている。受給者の世帯構成は「高齢者世帯」が6割弱、「障害者・傷病者世帯」が3割弱、「母子世帯」が1割未満、「その他の世帯」が2割弱となっている。受給者の大多数は働くことができないか、働こうにも仕事を見つけにくい人々である。

　生活保護は非常に誤解されやすい制度でもある。この点については、データは古いが日本弁護士連合会（日弁連）が作成した「Q&A　今、ニッポンの生活保護制度はどうなっているの？」（2012年）が参考になる。そのポイントを4点ほどあげてみる。なお、「あなたも使える生活保護」（2018年）でも同様の指摘がなされている。

　①生活保護の利用率（利用者の人口比）は減少している。②生活保護の利用率は国際的にみると非常に低く（ドイツ9.7%、イギリス9.27%、日本1.6%（2010年））、数百万人が生活保護制度から漏れている可能性が高い。③過剰報道されている「不正受給」は、実際には保護費全体の0.4%（件数ベースで2%）程度であり、濫給よりもむしろ漏給が問題である。④生活保護予算が財政を圧迫しているといわれるが、保護費（社会扶助費）の対国内総生産（GDP）比はわずか0.5%であり、OECD加盟国平均の7分の1にすぎない（1995年）。

　事実認識とは別に、生活保護のあり方をめぐって人々の信念と意見は鋭く対立している。もっと受けやすく自立しやすい制度にしつつ、受けられるのに受けていない人をなくさなければならないと考える人もいれば、削減が望ましく、依存者を減らすために強制的に働かせなければならないと考える人もいる。信念や意見の対立は民主社会の健全さを示す指標でもあるが、生活保護と生存権の軽視は、当の民主社会の存立自体をゆるがしかねないということを忘れてはならない。

5. その他の社会扶助制度の概要

　次に、貧困化する子育て世帯を支える生活保護以外の社会扶助制度として、「児童扶養手当」「児童手当」「生活困窮者自立支援制度」を取り上げて解説する。

　児童扶養手当は、ひとり親家庭等の生活安定と自立促進への寄与と児童の福祉増

進のために、18歳に達する日以後の最初の3月31日までの間にある児童を養育する世帯等に、児童1人につき月額4万3070円（全部支給の場合）を支給する制度である。児童2人以上の場合は、2人目で1万170円、3人目以降は1人につき6100円が加算される（2022（令和4）年4月現在）。

　児童手当は、家庭等の生活安定への寄与と、次代の社会を担う児童の健やかな成長に資することを目的に、原則として国内に住所を有する児童に対し、0～3歳未満は1万5000円、3歳から小学校修了までの第1子・第2子には1万円（第3子以降は1万5000円）、中学生には1万円を支給する制度である（いずれも月額）。

　日本の社会保障制度は、防貧のための「第1のセーフティネット」である社会保険や社会手当制度と、救貧のための「第2のセーフティネット」である生活保護との間に、大きなすき間が空いていた。近年では、雇用の不安定化を受けた若年失業者の増大等を背景に、これまでの「2層のセーフティネット」から、欧米と同様の「3層のセーフティネット」への張り替えが進められている。

　厚生労働省は、「新たな生活困窮者支援制度の創設」という文書で、近年の生活保護受給者数の増加傾向や、稼働年齢層と考えられる「その他の世帯」の割合の増大（10年間で3倍強）をふまえ、生活保護受給に至る前の自立支援策を強化するという改革の趣旨を示した。そうした趣旨に基づき、2013（平成25）年12月に「生活困窮者自立支援法」が成立した（2015（平成27）年4月施行）。

　その骨子は次のとおりである。実施主体は市、都道府県、福祉事務所を設置する町村である。就労等に関する相談支援や自立支援計画作成などを行う「自立相談支援事業」の実施と、離職により住宅を失った生活困窮者等に対する「住居確保給付金」の支給が、必須事業とされている。これに対し、就労に必要な訓練を早い段階から実施する「就労準備支援事業」、家計相談・家計管理指導等を行う「家計改善支援事業」、生活困窮家庭の子どもへの「学習支援事業」などは、任意事業とされている。また、就労準備のための支援を受けても一般雇用に移行できない者などに対して、当人の状態や就労訓練事業における就労形態に応じた就労（清掃、リサイクルなど）の機会を提供したり、個々人の就労支援プログラムに基づいた一般就労に向けた支援を行ったりする「就労訓練事業（中間的就労）」も実施される。その後、任意事業の実施率の低さや自治体間の格差が問題となり、2018（平成30）年に法改正がなされた。改正により、基本理念・定義の明確化、子どもの学習支援事業の強化や居住支援の強化などが図られることとなった。

Step3

1. 脱工業化の進展

　Step 3 では、子育て世帯の貧困化の背景について解説する。

　20世紀後半から今世紀にかけて、日本を含む先進各国では社会保障制度の見直しが進められてきた。その見直しをうながした背景は各国共通であり、一言でいえば「脱工業化」である。脱工業化とは、第二次産業（製造業）を中心とする産業構造が変化して、サービス・IT・金融などの第三次産業の比率が高まることをいう。先進国における社会保障制度は、工業社会の生活と社会的リスクを前提に構築されてきた。そのため、脱工業化による生活と社会的リスクの変化にあわせた見直しが求められていったのである。

　では、脱工業化によって人々の生活と社会的リスクには、いったいどのような変化がもたらされたのであろうか。このことを理解するには、まず工業社会の生活と社会的リスクがどのようなものであったのかを、あらためて確認する必要がある。

　工業社会では賃労働が一般化し、男性が労働に従事し女性が家事労働を担うという性別役割分業に基づく家族形態が生み出された。その結果、男性の稼ぎ手が働けなくなることが一家の生活にとって最大のリスクとなった。

　工業社会では、労働者の暮らし方や働き方は似たり寄ったりであった。それは、みんなが同じようなリスクにさらされやすいということでもあった。それゆえ保険を通じたリスクの分かち合いがうまく機能した。社会保険は19世紀後半のドイツで最初に導入され、各国に波及した。こうして工業化を遂げた国々では、男性の稼ぎ手のリスクに対処する社会保険を中心に社会保障制度がつくられた。

　20世紀半ばに絶頂を迎えた工業社会は、自らが生み出した高度な技術力と豊かな消費社会のもとで、抜本的な転換を迫られた。家電や自動車など、大量生産された規格品がいきわたると、消費者はさらなる快適さと便利さを求めて、商品に対する要求水準を高めていった。その結果、多様化した消費者の要求にあわせた多品種の柔軟な生産が求められた。柔軟な生産には柔軟な雇用が欠かせない。各国の企業は、簡単に解雇できない正社員を減らし、調整が容易な非正規社員を活用するようになった。だが、柔軟な雇用は不安定な雇用と同義語であった。

　また、消費者の高度な要求に応える多品種の生産には、高度な知識や技能を習得した労働者が必要とされ、男女の高学歴化がうながされた。サービス経済のもとで女性の労働力化が進展すると、非婚化・晩婚化・晩産化・少子化も進んだ。子どもの教育費をはじめ、高水準化した生活を維持するために共働き世帯も増大した。

　こうして工業社会で確立した働き方と暮らし方は、脱工業化によって大きく変容

した。そのことはまた、社会的リスクをもたらす構造をも転換させた。男性の稼ぎ手の雇用と所得さえ守っていればよかった社会保障制度も、脱工業社会の「新しい社会的リスク」への対応を図るために変容を迫られた。

2. 新しい社会的リスクへの対応

　脱工業社会では、工業社会にはみられない生活問題が生じるようになった。例えば、「ニート」「フリーター」に象徴される自立に困難をかかえる若者、低賃金・低保障の非正規雇用で暮らしを立てる「ワーキングプア」、育児と就労の板挟みにあい理不尽な「保活」をも強いられる共働き世帯の母親など、深刻な生活問題をかかえる人々が増大している。

　これまでの工業社会では、雇用や家族の形も、生活問題の表れ方も比較的均一であった。そのため、社会的リスクが社会保険による事故として設定しやすかった。しかし脱工業社会では、「高学歴・高技能・高所得の雇用」と「低学歴・低技能・低所得の雇用」との分断や格差が大きくなる一方で、個々人のライフスタイルが多様化したことも重なり、生活問題の表れ方は個別性が強くなった。その結果、リスクの共有、つまり社会保険での対応が難しくなった。社会保険中心の社会保障制度は、新しい社会的リスクには無力どころか、むしろその温床の１つとなっている。非正規雇用化した人々の社会保険からの排除がその典型である。

　脱工業社会の新しい社会的リスクがもたらす新しい貧困や生活問題は、「社会的排除」と呼ばれ、各国で「社会的包摂」に向けた対策が進められている。対策の中心は、積極的な労働市場政策（雇用促進政策）である。

　2000（平成12）年以降の日本における「雇用促進＝就労自立支援」の政策展開をみると、社会保険から排除されやすい非正規雇用者については、被用者保険の適用拡大が進められている。また、社会扶助から排除されやすいワーキングプアについては、求職者支援制度や生活困窮者自立支援制度による対応が期待されている。

　このようにして「労働市場への包摂」が強化されるなかで、「子ども・子育て支援新制度」により、男女の労働力化を支える保育サービスのさらなる充実が画策されている。また、職業能力の開発・向上の前提となる認知能力を高めようと、就学前教育の充実も進められようとしている。こうした展開には、脱工業社会に適応した形で、就労促進を基軸として家庭と学校の包摂力を強化・再生していこうとする流れがみてとれる。このように、現代の脱工業社会では、保育サービスと就学前教育が非常に重要な意味をもつようになっているのである。

第6講　社会保障および関連制度の概要

参考文献

● 坂洋一・堅田香緒里ほか『社会政策の視点——現代社会と福祉を考える』法律文化社，2011.

● 坂洋一『福祉国家』法律文化社，2012.

● 金子光一編著『Nブックス 新版 社会福祉概論』建帛社，2014.

● 厚生労働省『平成28年度全国ひとり親世帯等調査結果報告』2016.

● 厚生労働省『平成29年 所得再分配調査報告書』2017.

● 厚生労働省『2019年 国民生活基礎調査の概況』2019.

● 一般社団法人日本ソーシャルワーク教育学校連盟編『最新 社会福祉士養成講座・精神保健福祉士養成講座④ 社会福祉の原理と政策』中央法規出版，2021.

● 内閣府『令和4年版 少子化社会対策白書』2022.

● 内閣府『令和4年版 子供・若者白書』2022.

● 文部科学省『令和3年度就学援助実施状況等調査結果』2021.

COLUMN 労働法を学ぶ

　保育士も労働者である。労働者にとって、「労働法」の理解は必須であるといえる。労働法とは、雇う側と雇われる側との「ゲーム」に関する基本ルールであり、労働組合法、最低賃金法、労働関係調整法、労働安全衛生法、労働基準法、雇用保険法、労働者災害補償保険法、健康保険法、厚生年金保険法、労働者派遣事業の適正な運営の確保及び派遣労働者の保護等に関する法律（労働者派遣法）、雇用の分野における男女の均等な機会及び待遇の確保等に関する法律（男女雇用機会均等法）、育児休業、介護休業等育児又は家族介護を行う労働者の福祉に関する法律（育児・介護休業法）などのさまざまな法律の総称である。雇われて働くことは、雇う側の利害（報酬は低、労働は多）と雇われる側の利害（報酬は高、労働は少）とが衝突する「ゲーム」といえる。

　もし、ルールが守られなかったり、不公正なものであったりすれば、立場の弱い雇われる側（労働力の売り手）にとって不利なゲームとなり、個々人の権利（労働権や生存権）が脅かされてしまう。労働法を学ぶには、厚生労働省がホームページで公開している「知って役立つ労働法〜働くときに必要な基礎知識〜」が参考になる。

（坂 洋一）

第 7 講

相談援助の理論

　本講では、保育士が子どもの家族とかかわる際に用いる相談援助技術の理論について、その成り立ちや理論の発展過程について概略を学ぶとともに、現場実践で相談援助技術を展開するうえでの要件や留意点、人の行動や取り巻く環境の多様性について理解する。

　そして最後に、保育所だけではなく、児童福祉施設で働く保育士が身につけるべき相談援助の理論について記述する。

Step 1

1. 相談援助理論の体系化

相談と相談援助の相違

　私たちは、日々の生活のなかで友人や家族からの相談を受けている。それは、何気ない日常会話から移行するものであったり、「ちょっと相談があるのだけれど」という形で始まるものであったりする。社会福祉分野における相談援助技術を学んだ者は、このような場合に、相談の受け手として、あるいは助言者として的確な助言をする役割を果たすこともできる。

　しかし、このような場合は、相談への対応は友人や家族などという立場を離れるものではない。一方、相談援助は、専門職として子どもやその保護者からの相談を受けて対応していくことであり、保育士としての業務の一環である。つまり、専門職の業務として明確な目的をもち、職場内外での役割分担によって展開される活動が相談援助である。

　保育所で働く保育士が、相談援助を業務の1つとしている根拠は、児童福祉法第48条の4第1項に、「保育所は、当該保育所が主として利用される地域の住民に対してその行う保育に関し情報の提供を行い、並びにその行う保育に支障がない限りにおいて、乳児、幼児等の保育に関する相談に応じ、及び助言を行うよう努めなければならない」と規定されていることにある。

　ここでいう乳児、幼児等の保育に関する相談には、「子どものしつけ方」などのような養育技術に関するもののほかに、子育て全般、あるいはそこから広がる生活全般に関するものも含まれている。さらには、保育所以外の児童福祉施設でも子どもや養育者からの相談に応じることが業務として展開され、その担い手として保育士が位置づけられるケースもある。

　相談援助は、その対象者が多様な価値観やライフスタイルをもち、相談内容もそれぞれ異なっているために、想定どおりに進むことは少ない。そのため、経験と勘[かん]に頼るだけでは不安が残る。さらに、安定した保育の質の確保や向上も困難となるだろう。そこで、相談援助実践の積み重ねと関連学問領域の知見を取り入れた理論の発展が重要視されている。

相談援助理論の体系化

　相談援助理論は、主としてアメリカで取り組まれてきたものを日本でも応用している。アメリカでは、ソーシャルワークと呼ばれる相談援助理論の体系化の取り組

みが19世紀末から始まっている。民間の社会福祉機関である慈善組織 協 会（Charity Organization Society：COS）は、貧困者救済を中心に活動を展開してきたが、繰り返される不況のなかで対象者が増加し、それまでの無給ボランティアによる貧困家庭への訪問活動を有給職員が担うようになった。

　慈善組織協会とは、1869年にイギリスで活動を開始した民間社会福祉団体である。貧困救済機関の連絡協働を目的として活動が開始されたが、その後、金銭を貸し付けたり、与えたりする直接的な救済も行うようになった。1877年にはアメリカでも活動が始まっている。貧困家庭への「友愛訪問（friendly visiting）」は、当初、中流から上流階層に属する女性ボランティアによって担われていたが、その後、有給職員が担うようになった。

　一方で、19世紀から20世紀へ移行する時期には、貧困を社会的要因から理解する運動や活動も盛んになってきた。慈善組織協会は、その成り立ちから貧困を個人的要因として理解する立場であったために、その活動に対して批判を受けることがあった。

　このような状況のなかで、慈善組織協会の職員であったリッチモンド（Richmond, M. E.）が、『社会診断』や『ソーシャル・ケース・ワークとは何か』を出版し、これらは相談援助の理論の原点となった。リッチモンドは、個人や家族を対象とした相談事例からケースワークの理論を体系化し、その後、集団を対象としたグループワーク、地域を対象としたコミュニティワークへと発展し、理論化されていくこととなった。

相談援助理論の特徴

　社会福祉の専門技術としての相談援助（ソーシャルワーク）では、人と社会環境との相互作用を援助の中核にすえていることが特徴である。この特徴は、リッチモンド以降、多くの相談援助技術理論が継承し、現代の諸理論にも引き継がれている。人は環境のなかで生活しており、個人の言動は、その人の周囲、すなわちその人を取り巻く環境に影響を与え、反対にその人を取り巻く環境は、その人に影響を与えている。例えば、「親が変わると、子どもの行動が変わり、子どもの行動が変わると、周囲の反応が変わる」ことは現場でよく知られている。社会福祉分野における相談援助は、当事者や環境のみを変えるというはたらきかけではなく、相互にはたらきかけていくことが目的なのである。

第7講　相談援助の理論

2. 相談援助理論の発展

アメリカを中心とした相談援助理論の発展

　社会福祉専門職が、職務として利用者と向き合う際に用いる相談援助技術に関する理論は、関連研究領域の進展や、新たな社会福祉領域の開拓にともなって発展をとげていくことになる。

　アメリカでは、第2次世界大戦における戦争留守家族への対応、ベトナム戦争帰還兵への対応など精神領域分野へ社会福祉専門職が関与するなかで、精神医学の知見がソーシャルワークに大きな影響を与えるようになった。「診断主義」は、精神分析学者であるフロイト（Freud, S.）の影響を強く受けたケースワーク理論であり、「機能主義」はフロイトの弟子であるランク（Rank, O.）の影響を受けたケースワーク理論である。また、パールマン（Perlman, H.）は基本的には診断主義の立場に立ちながら機能主義の特徴も取り入れた「問題解決アプローチ」を提唱した。一方で、黒人差別撤廃運動など社会的問題への関心も高まっていった。

　このような流れのなかで、ソーシャルワークは常にその有効性を問われてきた。精神医学への傾倒は、カウンセリングや精神医学から「中途半端な理論」と批判を受け、社会運動側からは「問題を個人のパーソナリティのあり方のみに矮小化している」との批判を受けた。専門職としての社会的地位向上により、自分たちの仕事の領域と一定レベル以上の収入が確保できるアメリカ社会においては、相談援助理論は「専門性」向上をめざして多彩な展開をとげることになった。そのなかには、より精神医学領域の知見を取り入れる考え方、人々の生活や人と環境との相互作用に着目する考え方、人がもつ長所や強みに着目し、それらを強化しようとする考え方などがある。さらに、ジャーメイン（Germain, C.B.）などによる生活モデルが登場したのもこのころである。また、イギリスでは、専門職という立場で利用者とかかわることを批判し、一緒に解決方法を考えるという理論も提唱された。

　一方で、個人や家族だけでなく、集団や地域を対象とする相談援助に関する理論も、実践の場の拡大と事例の積み重ねのなかで進展していった。また、これらに加えて、社会福祉領域のニーズを把握するためのソーシャルワーク・リサーチ（社会福祉調査）、社会福祉施設や機関、行政などの組織運営の効率性や適切性を求めるソーシャル・アドミニストレーション、地域に新たな社会資源を構築し、地域間格差を解消しようとするソーシャルアクション、将来的な福祉施策の計画を立てるソーシャルプランニングなどの理論も発展した。

相談援助の発展に向けて

　日本は、アメリカでのソーシャルワーク理論を参考としながら、相談援助を各現場で展開させてきた。1987（昭和62）年に、社会福祉士及び介護福祉士法が制定され、日本でも国家資格として社会福祉の専門職が誕生することになった。介護福祉士は主として高齢者福祉分野においてケアワークを担い、社会福祉士は社会福祉の諸領域でソーシャルワーカーとして活動することがその役割とされた。現在、社会福祉士の活動は、従来の医療、高齢、障害、児童福祉分野に加えて、更生保護領域などにも拡大してきている。現場での実践が積み重ねられるとともに、日本での価値観や文化を包含したさらなる相談援助理論の構築が期待されている。

　人間の価値観や生活様式は多様であり、決して特定の価値観や生活様式、保育場面での養育方法を押しつけることはできない。また、他者からのはたらきかけに対して、必ずこう反応するという必然性を期待することもできない。おおよそこうなるだろうという予測と、予測した反応がなかったときに、それはなぜなのかを考えることが重要である。親や子どもを一定の枠組みで理解したり、その枠組みに入らないからといって排除することはできない。

　生活や養育上の困難について、それに気づき、相談をうながし、相談者自らが困難を解決していけるように支援することは、ソーシャルワーカーだけではなく保育士にとっても重要な職務である。この役割を遂行するために、相談援助の理論や技術を習得することは、これから保育士の資格を得て、現場で働こうとする人にとって必須であるといえる。

第7講　相談援助の理論

Step2

相談に関連する要件

　保育所や児童福祉施設では、職員が意識しても、あるいは意識しなくても毎日のように多様な相談が展開されている。現場での相談をいくつかの要件で整理してみよう。**図表7-1**は、相談がどこで、どのような状況で展開されるのかを、時間的ゆとりとプライバシーを確保できる相談スペースとを軸としてマトリックスにしたものである。要件の1つとしては、相談スペースがあるかどうかである。保育所のように、それを十分に確保することが容易ではない施設と、専用の相談室を準備している児童養護施設等とがあるが、実際にはいずれの場合も、当日の施設状況に左右されることが多い。相談スペースが確保できない場合、複雑な内容やプライバシーにかかわる相談については、一定の制約があることに留意しておく必要がある。

　また、相談スペースの有無とは別に、時間的ゆとりがあるかどうかも相談の展開に影響を与えることになる。時間的ゆとりは、十分な目的をもった相談を展開するための、また、相手の相談意欲を創出あるいは維持するための基本的要件となる。

図表7-1　相談の展開

A 養育者・児童 　時間的ゆとりあり 担当保育士・主任・施設長 　時間的ゆとりあり 相談スペース 　あり	⇒	相談支援の展開	E 養育者・児童 　時間的ゆとりなし 担当保育士・主任・施設長 　時間的ゆとりあり 相談スペース 　あり	⇒	次回面談の設定
B 養育者・児童 　時間的ゆとりあり 担当保育士・主任・施設長 　時間的ゆとりあり 相談スペース 　なし	⇒	相談スペースを設け、相談支援の展開	F 養育者・児童 　時間的ゆとりなし 担当保育士・主任・施設長 　時間的ゆとりあり 相談スペース 　なし	⇒	次回面談の設定、相談スペースの予約確保
C 養育者・児童 　時間的ゆとりあり 担当保育士・主任・施設長 　時間的ゆとりなし 相談スペース 　あり	⇒	相談への感謝と次回面談の設定	G 養育者・児童 　時間的ゆとりなし 担当保育士・主任・施設長 　時間的ゆとりなし 相談スペース 　あり	⇒	面談時間帯・方法の再検討　状況の再アセスメント
D 養育者・児童 　時間的ゆとりあり 担当保育士・主任・施設長 　時間的ゆとりなし 相談スペース 　なし	⇒	相談への感謝と次回面談の設定、相談スペースの予約確保	H 養育者・児童 　時間的ゆとりなし 担当保育士・主任・施設長 　時間的ゆとりなし 相談スペース 　なし	⇒	面談時間帯・相談スペースの予約確保・方法の再検討　状況の再アセスメント

＊　AからH共通：面談の強要は避ける、相談への共感と感謝をしめす

　ここで、職員側の事情や保護者や子どもの希望・事情により相互の都合が一致しない場合があることに留意したい。相談に一定の時間をさくことができない場合や、その場で解決しない場合には、次の相談の機会や新たな場を設けたり、調整したりする必要がある。

　また、その相談にだれが応じるのかも重要な要件となる。担当保育士の対応で十分なのか、あるいは他職員や上司が対応すべきなのかを適切に判断することが重要である。特に留意すべき点は、保護者や子どもが安心して相談できるような信頼関係を構築していくことである。この場合、プライバシーの保護は基本となる。

　これらの相談要件を総合的に判断するなかで、立ち話で十分ニーズが満たされるものと、本格的な相談へとつなげていくべきものとの間の多層的なレベルを判断（アセスメント）し、保護者や子どもからの職員へのアプローチを振り分けていくことが大切である。

相談関係の創出と継続

　相談が専門的援助関係のなかでの相談となるためには、保護者や子どもから職員へのアプローチがあり、面談希望が表明されるか、職員側の気づきを基盤に職員が保護者や子どもにアプローチし、特定のテーマについて話し合いがなされることが前提になっている。しかし、「困っていても相談に来ない」「困っているという考えがない」など、保護者や子どもが相談の「場」に乗らないケースも少なくない。この場合、職員側に気づきがあれば、継続的にアプローチがなされていくことになるが、そもそも職員が気づいていない、気づいていても忙しさにかまけてアプローチが十分でないこともある。また、保護者や子どもが相談したくても、職員が適切な対応をしないうちに、相談しようとする気持ちが薄れてしまうこともある。

　職員が1人でかかえこんだり判断したりするのではなく、職員間での情報共有やコミュニケーションを図ることで、より多様な視点にふれ、新たな気づきを得ることや、保護者や子どもを深く理解することができる。

　しかし、相談が始まっても、常に積極的、肯定的態度が続くわけではない。保育所で母親が何か話したそうにしていたのに気づいたため、声かけを行い、「実は、子どもの行動のコントロールがうまくできない」との相談を引き出したケースを考えてみよう。母親の気持ちを傾聴し、終了時には「今日は話を聴いていただきありがとうございました」と言って帰宅した母親であっても、その後の継続的相談はなく、こちらから声かけをしても「大丈夫です」と答えるだけで、視線も合わさなくなってしまった場合、どうすればよいだろうか。この場合でも、かかわりを放棄す

ることはできない。かかわりを継続させていくには、相談を創出する「力」とは異なった「力」が求められる。愚痴を聴くだけでニーズが満たされるのか、何か具体的な支援への結びつきが必要なのか、仲間集団へ参加をうながしていきピアサポートを受けられるよう調整するのかなど、相談開始後、再度判断（アセスメント）することも必要である。このようなはたらきかけが保護者の相談意欲の創出と継続に結びつく。

2. 相談援助の基盤

多様性の承認

　相談援助を行っていくためには、その基盤として、支援者（その職場や職員、そして保育士）自身が生活や養育に関しての多様性をみとめているかどうかを確認しておく必要がある。先にあげた例でも、仮に当該職員が母親の気持ちを聴くことを中軸として対応したとしても、やりとりのなかで「こうすべき」という固定的な観念が相手に伝わってしまい、それが母親のニーズと合致せず、「ありがとうございました」という社交辞令的な表現であった可能性がある。保育士は、自らの感性や価値観を自覚するために、援助過程においてスーパービジョンを受けることや、研修へ参加することが求められる。

　また、家族のあり方も多様である。ひとり親世帯が一定の割合を占めている現代社会では、経済的支援は充実・強化される方向にある。一方で、ひとり親家庭が必要な支援に確実につながるよう、相談支援等をより充実したものにしていくことが必要である。また、最近では外国にルーツをもつ保護者や子どもも増えてきている。ルーツとなる国の言語や文化を尊重するとともに、相手の文化を保育士自身が学び、関心を高めたり、子どもたちにも理解をうながしたりすることが求められる。子どものころから自分と異なる文化に偏見をもつことなく、互いをみとめ合い、ともに遊ぶ経験は、多文化共生社会において大切なことである。

　多様性の承認があってこそ、支援者と保護者や子どもとの、子育てや生活での協働作業が構築される。この過程では、さまざまな行き違いや誤解などが生じる可能性も少なくない。このような事態が生じた場合、支援を継続して提供、利用してもらうこと、地域での生活を続けることを支援する役割を「相談」が担うこともある。この段階では、支援者側のネットワークや地域へのはたらきかけが必要になることも想定される。

　子育てが家族だけでは困難であるように、支援も単一の施設や機関では困難な場合が多い。支援ネットワークに参加する施設や機関の考え方には違いがあることを前提としつつ、共通の支援方針を立て、役割分担がなされていくことは、保護者や子どもとの相談関係を維持するために重要な要件である。また、実際に支援にたずさわる者同士の「顔と名前が一致する」関係形成や、保護者や子どもの価値感や行動の多様性を承認することも重要である。保育者には、その支援において課題を解決していく当事者である保護者や子どもとのパートナーシップを構築していくことが求められる。

　しかし、相談関係を維持すること自体が目的になってしまうと、必要な時期や状況に応じた介入や対応がおろそかになってしまう。子どもの最善の利益は何かを、常に相談する側、相談を受ける側が考えていくことが必須の要件となる。相談は、保護者や子どもが「自分を尊重してくれている」と感じられるような信頼関係のなかで展開されていくのである。

Step3

児童福祉施設に勤務する保育士と相談援助理論

保育所以外の児童福祉施設で働く保育士と相談援助

　保育士は、保育所だけではなく、障害児入所施設や、社会的養護を担う施設でも活躍している。特に、乳児院や児童養護施設、母子生活支援施設には保育士が雇用されている。乳児院や児童養護施設には家庭支援専門相談員（ファミリーソーシャルワーカー）が配置されており、子どもの家庭支援はこの職種の職員が担っている。また、母子生活支援施設では母子支援員が相談業務を担っている。乳児院や児童養護施設で働く保育士は主として子どものケアを担い、母子生活支援施設では施設内での補完保育や年少児童の指導が保育士の役割と考えられている。また、一時保護所を設置する児童相談所にも保育士が勤務しており、日々のケアとともに子どもや家族への対応を担う児童福祉司に、子どもの生活状況などの情報を提供している。

　しかし、児童相談所を除いて、施設内での役割分担は厳密なものではないケースが多く、面会時などの保護者との会話のなかには相談援助につながる内容もあり、いずれはファミリーソーシャルワーカーにつなぐとしても、保育士がまったく相談に応じないということは現実的ではない。また、児童養護施設では、入所児童の年齢が高くなるにつれて子ども自身が相談のニーズをもつようになり、担当職員として子どもの相談に応じる必要性も生じるだろう。母子生活支援施設でも、保育場面での子どもの受け渡しなどの機会に、多様な会話がなされ、そのなかには相談につながるものが含まれている。保育士は、相談援助理論をふまえて、これらの場面で実際に相談を展開していくことになる。

児童福祉施設で生活する子どもの相談に関する特徴

　ここでは、児童福祉施設の1つである、児童養護施設における保育士の役割について学んでおきたい。児童養護施設は、保護者のいない児童、虐待されている児童、その他環境上家族とともに生活することが子どもの最善の利益を脅かす状況下にある子どもが入所する施設である。2020（令和2）年3月現在、全国に612か所、約2万4500人のおおむね2歳から18歳までの子どもが生活している。児童養護施設では、家族再統合をめざすとともに、子どもの自立支援を行うことを目的としている。そのため、定期的に自立支援計画を児童養護施設、児童相談所が子どもの参加を得て作成しており、可能であれば家族の参加も求めている。この場合には、

子どもとの面談も施設内の面接室などで時間をかけて行われることになるが、むしろ保育士などが数多く経験するのは、日常生活場面においての相談である。子どもの日常生活上の悩み、例えば学校のこと、友人関係のこと、進学や進路に関する相談などは、子どもの年齢が上がるにつれて増えてくるだろう。保育士は子どもの身近な相談相手として、ときには職員集団の一人として子どもの相談に応じることになる。

　Step 1 で述べたように、職員としての相談対応を行う際は、相談援助理論に基づいた相談を展開していくことが求められる。子どもの多様な相談ニーズや「なぜ」を考えながら支援することは、Step 1 や Step 2 で学んだことと同様である。

保育士による家族との相談

　児童福祉施設での勤務期間が長くなれば、施設内での役割分担に変化が起き、保育士として就職した者が、本来の業務のほか、家族からの相談に応じるようになることもある。また、施設によっては役割を明確にせず、職員全員が家族からの相談に応じているところもある。朝や夜間、休日などの子どもの状況を保護者が把握している保育所の場合と比較して、母子生活支援施設を除き、親子分離をした子どもの入所施設では、日常生活の状況は家族よりも保育士を含む施設職員がより詳細に把握していることが特徴である。また、相談援助において子どもの意見と保護者の意見が異なることも、支援者として経験する場合がある。この場合は、成長発達上、意見を十分に述べることができない子どもの代弁者に職員がなることがある。

　子どもの立場や意見だけに偏かたよるのではなく、また保護者の意見だけを受け入れるのでもなく、客観的な判断を行い、子どもや保護者が主体的に課題解決に参加するよううながし、サポートしていくためには、相談援助理論が重要な役割を果たすだろう。また、これらの実践を振り返り、園長や主任保育士によるスーパービジョンを適宜てきぎ受けていくことで、相談援助理論は、知識から実践で適用できる専門技術へと転換していくのである。

参考文献

● 一般社団法人日本ソーシャルワーク教育学校連盟編『最新 社会福祉士養成講座・精神保健福祉士養成講座⑪ ソーシャルワークの基盤と専門職』中央法規出版，2021.

● 一般社団法人日本ソーシャルワーク教育学校連盟編『最新 社会福祉士養成講座・精神保健福祉士養成講座⑫ ソーシャルワークの理論と方法』中央法規出版，2021.

● M・E・リッチモンド，小松源助訳『ソーシャル・ケース・ワークとは何か』中央法規出版，1991.

● 厚生労働省「保育所保育指針」2017.

COLUMN　メアリー・リッチモンド

　リッチモンド（Richmond, M. E.）は、ケースワークの理論を確立し、「ケースワークの母」とも呼ばれている。1861年に生まれたリッチモンドは、慈善組織協会（COS）の職員としての仕事のなかで貧困者救済へとかかわるようになり、1917年に『社会診断』、1922年に『ソーシャル・ケース・ワークとは何か』を著すことによって、ケースワーク理論の体系化を図った。後者の著作のなかでは、「ケースワークは、人とその社会環境との間に、個々別々に、効果が上がるように意図された調整を行って、パーソナリティの発展をはかる過程である」という定義を示した。

　慈善組織協会は、友愛訪問を中心に活動を行った。友愛訪問は貧困家庭への個別訪問と相談活動であり、初期はボランティア、のちに有給職員が担い手となった。このほかにも、病院や少年裁判関連の活動事例が理論体系化の基盤となった。1930年代以降、ケースワークを用いる分野が拡大するなかで、リッチモンドの理論は直接的には継承されていかなかったが、社会福祉分野において活動する人々の専門職化と実践の有効性を確実なものとするために、実践事例の分析とともにさまざまな分野の知見を導入しながら、相談援助技術を体系化した功績は大きい。

（松原康雄）

第 8 講

相談援助の意義と機能

本講は、相談援助の意義と機能について理解することを目的と
している。個人的に「相談」を受けることは、日常生活において
「だれもが経験していること」「経験豊富な人がすること」ととら
えられるが、ここでは、専門的な意味での「相談援助」とは何か、
その意義と機能から理解を深めていきたい。

また、専門職として行う「相談援助」のもつ意義と、その使命
を果たすために求められる利用者へのまなざしや態度、基盤とす
る価値・倫理、原則についても学ぶ。

Step 1

1. 相談援助の特徴

個人的な「相談」とは

人は、家族や友人、同僚に、困ったことや悩んでいること、苦しい胸の内を相談した経験があるだろう。このように、「相談」は、家庭や職場、学校などにおいてだれもが日常的に行っている。意識的に相談をもちかけることも、無意識的に日常会話のなかで相談していることもあり、人はだれかに相談し、まただれかに相談されるということを経験しながら、日々を過ごしている。信頼できる友人や家族などといった個人的関係のなかで、もしかしたら人生の重要な決断をするための相談をしているかもしれない。

専門的な「相談援助」とは

一方の「相談援助」とは何だろうか。「相談援助」はソーシャルワークのミクロレベルでの実践であり、友人や家族、同僚同士での「相談」とは違う意味でつかわれている。友人や家族間で行われる個人的な関係での「相談」に対して、「相談援助」はトレーニングを受けたソーシャルワーク専門職との専門的なかかわりのなかで、何らかの問題解決などの目的をもって行われる。その特徴を、①人と問題を理解する視点、②利用者との関係、③プロセスの重視、の3点に整理し、検討してみたい。

2. 人と問題を理解する視点

「同じような問題」と「同じ問題」

個人的な「相談」では、悩んでいることや困っていることについて、過去に「同じような問題」を経験した人に「相談」するということが少なくない。その人はすでに「同じような問題」に向き合い、対処したり解決したりしてきた人である。その経験は貴重であり、似たような状況で困っている人たちの何らかの役に立つに違いない。

しかし、その「同じような問題」は、「同じ問題」ではない。目の前で問題に向き合い、悩んだり困ったりしている人は、別の人間である。過去の「同じような問題」の解決経験を通して、相談された問題を理解し、解決しようとしても、問題が

発生した背景には違いがある。前に、別の人間が問題を解決したときと同じ方法で、相談に来た人の「同じような問題」を解決できるとは限らない。「相談援助」では、「同じような問題」は「同じ問題」ではないということを常に意識しなくてはならない。

問題の共感的理解

「相談援助」では個人的な経験を通して利用者を理解しようとするのではない。利用者本人が感じていることを通して、利用者が直面している問題を共感的に理解しようと努力し、利用者本人の経験と向き合い、問題解決に向けて寄り添っていく。そして、相談援助の専門職は、自らが「同じような問題」を経験していなかったとしても、利用者とともに問題解決の方法を検討し、行動する。

環境のなかの人

「相談援助」では利用者を「環境のなかの人」としてとらえる（**図表8-1**）。

人は環境との関係のなかで、自らの行動や態度を決定することになり、人と環境は常に関係し合っている。この両者の間に摩擦やぶつかり合いがあるとき、問題が発生する。この視点に立てば、解決

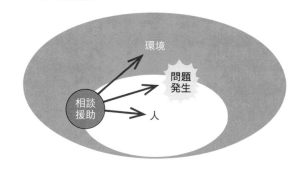

図表8-1 環境のなかの人

すべき問題に困り、苦しんでいる人を「問題のある人」や「困った人」として一方的に問題発生の責任を負わせることはない。相談援助では、問題の発生を人と環境との関係からとらえ、利用者自身と環境、そして、その間にある摩擦やぶつかり合いが起きている接触面にはたらきかけ、問題の解決をめざす。

3. 利用者との関係

パートナーシップ

「相談援助」は、問題解決に向けた利用者との共同作業である。相談援助の専門職と利用者は、信頼関係に基づくパートナーシップ関係を結ぶ。個人的な関係にお

ける「相談」では、相談を受けた人がもつ力が大きく、問題解決の主体が相談をした人から相談を受けた人に入れ替わってしまうことがある。また、相談援助の専門職ではない専門職への相談でも、このような問題解決の主体の入れ替わりが起きる可能性は高い。

「相談援助」では、問題解決の主体は利用者自身であり、相談援助の専門職は、利用者のもちうる潜在的な力を発見し、引き出し、強め、そして、ともに環境の変化に向けてはたらきかけるパートナーである。

4. プロセスの重視

相談援助のプロセス

「相談援助」では、問題発見の段階から、単に相談が寄せられるのを待つのではなく、問題や権利侵害の発生に気づき、声なき声をキャッチするためのアウトリーチに取り組む。そして、相談を受理し（インテーク）、情報収集とアセスメントを経て支援目標を決め、その目標を達成するための支援計画を作成する（プランニング）。支援計画が実施に移されたら、支援が計画どおりに実施されているかどうかを定期的に評価、調整、検討し（モニタリング）、その後、支援が問題解決に対して効果的であったかを評価する（エバリュエーション）。

モニタリングによって支援が計画どおりに実施されていないことが明らかになったり、エバリュエーションによって支援が問題解決に効果的でない、または、十分な効果を上げていないことが明らかになった場合には、再び情報収集とアセスメントのプロセスに戻り、支援目標および支援計画を再検討することとなる。

プロセスの重視

個人的な関係における「相談」には、一定のプロセスは見当たらない。一方の「相談援助」では、問題への対処および解決のプロセスを重視する。

これらのプロセスの全局面において専門職と利用者が共同して取り組むことによって、ともに力を高め、両者がさまざまな経験や学び、社会資源の獲得、環境や利用者本人の変化の認識などを共有することができる。問題が解決されたかどうかの結果だけでなく、このプロセスを評価し、その成果を重視する。

5. 専門的な「相談援助」とは

子育てに悩む親からの相談例から

　「中学2年生の子どもが部屋から出てこない。学校にも行っていない。もうどうしたらいいかわからない」という親からの相談について考えてみたい。

　子育て経験のある親戚や友人に相談すると、「私は無理やり引っ張りだした」「まずはあなたがきちんと向き合わないと。子どもがそうなったのは親のせいだよ」「甘やかしたらダメ」「ひきこもりの子どもの親が集まる会があるから行ってみたら？」などの助言が返ってくる。相談を受けた親戚や友人、子育ての先輩たちは、自分の経験や知識と相談の内容を照らし合わせ、問題の解決方法を助言する。これらの助言には、困難と向き合っている本人にとって、有効な問題解決方法が含まれていることもある。

　しかし、「私は〜」という言葉に代表される「本人の経験に基づく助言」や、どこかで聞いた「だれかの経験に基づく助言」、「私」の思うことによる「個人的な価値観に基づく助言」などが多く、これらの解決方法には悩みをかかえた本人やひきこもりの状況にある中学2年生の子どもは登場しない。本人がいっそう苦しい立場におかれ、傷つき、悩みを深めてしまうような助言も見受けられる。「ひきこもり」という表面的な事実は同じであっても、ひきこもりに至った背景や本人にとっての意味、家庭の収入や親子関係、本人の考え方、本人や子どもの育ってきた環境など、さまざまな問題が複雑にからみ合っていることも少なくない。

　専門的な「相談援助」では、ひきこもりになっている状況をだれかの責任としたり、個人的な価値観を押しつけたりせず、この家族に何が起きているのかを専門職としての倫理や価値、理論に基づいて分析し、アプローチの方法や支援計画を本人とともに検討する。そして、子育てを取り巻く環境（構造）を変えていけるようにはたらきかけたり、親自身の子育ての技術や認識にもはたらきかけたりと、必要な支援を本人とともに展開していく。偶然の解決を期待せず、アプローチの成否も本人と共有しながら、本人の困難や悩みと向き合う。

第8講　相談援助の意義と機能

Step2

1. 相談援助の原則とは

　後述する相談援助の意義・機能を果たすために、相談援助の専門職はさまざまな相談援助の原則に<ruby>則<rt>のっと</rt></ruby>って、相談援助を展開していくことが求められている。相談援助の原則としては、援助関係を形成する諸原則を7つにまとめたバイステック（Biestek, F. P.）によるものが取り上げられることが多い。

　バイステックがあげたのは、「利用者を個人としてとらえる」「利用者の感情表現を大切にする」「援助者は自分の感情を自覚して<ruby>吟味<rt>ぎんみ</rt></ruby>する」「受け止める」「利用者を一方的に非難しない」「利用者の自己決定をうながして<ruby>尊重<rt>そんちょう</rt></ruby>する」「秘密を保持して信頼感を<ruby>醸成<rt>じょうせい</rt></ruby>する」の7つの原則である。ここでは、援助関係を形成する原則のみならず、相談援助の展開における原則について、広く理解していきたい。

2. 人権と社会正義の支持と擁護

　人権と社会正義の支持と<ruby>擁護<rt>ようご</rt></ruby>は、ソーシャルワークの中核をなす原理の1つとしてあげられる重要なものであり、相談援助活動の存在を正当化するものである。相談援助の専門職は、人々の権利や社会正義が<ruby>侵害<rt>しんがい</rt></ruby>されている状況に気づき、その権利侵害の状況をつくりだしている社会構造の変革を利用者とともにはたらきかけ、うながすことが求められている。相談援助では、人権と社会正義の支持と擁護という価値を基盤として、目的の達成に向けて知識や技術を活用していく。

3. 多様性（ダイバーシティ）の承認と尊重

　人はそれぞれが一人ひとりかけがえのない存在であり、多様な存在である。同じ人はいない。人は皆、生まれや育ちなどによる文化、価値観、行動様式、肌の色や性的な指向などの違いがある。相談援助にたずさわる専門職として、人種、民族、文化、階級、ジェンダー、性的指向、宗教、身体的あるいは精神的能力、年齢、国籍の違いを前提とした価値や知識、そして技術を学び、実践することは、近年では当然のこととなっている。

　利用者の多様性を受容し、尊重するという前提に立つことは、利用者一人ひとりを個別化してとらえ、相談援助を展開していくうえで重要である。

4. 受容と非審判的態度

　相談援助の専門職は、多様な利用者に対して、その多様性を受容し、尊重しながら相談援助を展開していくと述べた。しかし、専門職自身も個人的な価値観をもっている。相談援助を通した利用者との出会いを繰り返すなかで、相談援助の専門職としての価値観に基づいたかかわりを実践しようとしても、個人的な価値観によって、その存在を受容し尊重することが難しい利用者に出会うかもしれない。

　相談援助の専門職であっても、個人的な価値観を消すことはできない。相談援助の専門職は、自らの内にある個人的な価値観を知り、自分が人や問題をどのようにみる傾向があるのか、どのような好き嫌いがあるのかをよく知っておく必要がある。そして、その個人的な価値観と専門的な価値観とを可能な限り調和させ、目の前の利用者をあるがままに受容しなければならない。

　また、利用者を受容することと同時に、相談援助の専門職は、利用者を一方的に非難しない、非審判的態度を示すことが必要である。相談援助を展開していくうえで、利用者の行動がよいことなのか、悪いことなのかを決めつける必要はない。

　例えば、利用者の話が嘘だったことに気づいたとき、あなたは利用者を責めるだろうか。嘘をつくことは悪いことである、という価値観のなかで育った人は、嘘をついた人を悪いと決めつけ、審判的な態度で接してしまうことが多い。しかし、相談援助のなかで利用者を責めることで、利用者は嘘をつかなくなったり、利用者がかかえている問題が解決されたりするだろうか。

　利用者は、「本当のことを話すと相談にのってくれなくなるのではないか」「信頼できない」「嘘をつくことで何かを守りたい」「つらい現実を話したくない」「都合が悪い」「生きるためには嘘をつかなくてはいけないと思った」などのさまざまな不安や苦しみのなかで、嘘をつくという選択をしている。相談援助の専門職は、背景にある利用者の心情や背景に目を向け、「利用者が嘘をついた」という事実に対して非審判的態度で接し、利用者をあるがままに受容することで、利用者の理解を深め、相談援助を展開していくことが求められる。

5. 利用者の自己決定の尊重

　障害者や要介護高齢者などの何らかの支援ニーズをもち、パワーレス状態に陥る可能性の高い人々は、決定のプロセスに本人が参加できない状況が生まれやすい。また、希望していることを頭ごなしに否定されてしまうことも少なくない。そ

のため、相談援助の専門職は、利用者本人が自分自身に関する決定のプロセスに参加できるよう支援することも重要である。

利用者は自分自身について決定することに参加する権利があり、利用者本人がどのように問題を解決していくかについては、本人の参加なしに決定することはできない。

自己決定を尊重するということは、単に利用者が表明した希望のとおりにするという意味ではない。利用者本人の意思や状態、おかれている環境の影響を考慮しながら、利用者が決定していくプロセスにかかわり、見守り、支えていく。いわば、利用者の自己決定のプロセスは相談援助の専門職との共同決定のプロセスといえる[*1]。

6. 強み（ストレングス）の視点で利用者を理解する

相談に来る利用者の多くは、何らかの問題や困難をかかえている。厳しい状況を説明する利用者は、自分のマイナスの状況に焦点をあてることが多い。同時に、相談援助の専門職は、利用者のマイナスの側面に注目して利用者をとらえようとしている自分に気づく。

しかし、相談援助は、利用者の悪いところを見つけて治す、つまり治療することが目的ではない。利用者自身が問題を解決したり対処したりすることをめざして、利用者自身のもっている力を見つけたり、引き出したり、高めたりしながら、利用者とともに環境を変えていく。

つまり、相談援助の専門職に期待されているのは、できないことやマイナスの側面に焦点をあてるのではなく、利用者のもっている力や強み（ストレングス）に焦点をあてて理解していくことである。

例えば、「ひとり暮らしのＡさん（85歳）がごみの片づけや掃除ができずに困っている」という情報がもたらされたとしよう。「片づけなさい」「片づけられないあなたが悪い」と言っても問題は解決しない。ここで、「片づけ・掃除の業者に頼めばいい」とサービス利用につなげるだけでは、Ａさんのできないことばかりが強

---

*1 與那嶺司「知的障害のある人の自己決定とその関連要因に関する文献的研究——支援環境要因も含めた自己決定モデルを活用した実証的研究の提案」『生活科学研究誌』第8巻，pp.171～188，2009．與那嶺司「『共同決定』で紡ぐこれからの自己決定」大阪市立大学大学院白澤政和教授退職記念論集編集委員会編『新たな社会福祉学の構築——白澤政和教授退職記念論集』中央法規出版，pp.365～373，2011.

調され、もっている力や強みは何も引き出されず、活用されない。おそらく、片づいた部屋も時間が経つにつれて再び散らかってしまうだろう。

　そこで、Aさんの片づけ・掃除における強みに焦点をあてて検討してみる。その結果、「家にある昔の大型の掃除機は重くて使えないが、小型の軽い掃除機なら使える」「ごみは玄関までなら出せる」「本当はきれいにしておきたいと本人が思っている」などの情報がもたらされたとしたらどうだろう。軽い掃除機を購入することや、ごみを玄関まで出しておいてごみステーションまで運んでもらう支援方法を検討することで、Aさんの生活は大きく変わる可能性がある。

　最初の「困っている」という情報だけではAさんの強みに焦点があたらない。もしかしたら、Aさんが強みをもっているということ自体、見過ごされてしまう可能性もある。

　相談援助では、常に本人のもっている強みを見つける視点をもち、利用者にはまだ利用者本人も気づいていない強みがあること、利用者について知っていることは一部でしかなく、気づけていない強みがあること、そして、利用者は常に変化し続ける存在であり、新たな強みを生み出す可能性をもっていることを意識することが重要である。

第8講　相談援助の意義と機能

Step3

1. 相談援助の意義と機能

　社会福祉士をはじめとするソーシャルワーク専門職は、相談援助を行うことによって何を成しとげようとしているのだろうか。ここでは、相談援助の意義と機能について、①社会生活機能（social function）の向上、②ウェルビーイング（well-being）とクオリティオブライフ（QOL）の増進、③エンパワメント（empowerment）と解放の促進、の３つをあげたい。

2. 社会生活機能の向上

　社会生活機能とは、社会環境との相互作用のなかで要求される生活課題に立ち向かう対処能力のことである。社会生活機能は「環境のなかでの生活課題」と「対処能力」から理解できる。よって、社会生活機能に関する問題の解決は人と環境の両者から検討し、環境からの生活課題の要求が大きくなりすぎないように調整することや、人の対処能力を高めることによって、両者のバランスをとるようにすることが重要である^{*2}。相談援助の専門職が利用者の問題を解決してあげることではなく、利用者を取り巻く環境にはたらきかけることや、利用者自身の対処能力を高めることに相談援助の意義がある。この相互の関係において発生する社会生活機能の問題にかかわっていくことが、相談援助の機能の１つである。

3. ウェルビーイングとクオリティオブライフの増進

　ウェルビーイングとは、人権や自己実現の保障を表す概念である。WHO憲章における「健康」の定義のなかで、「身体的・精神的・社会的に満たされた状態にあること（well-being）」と記述されている。

　人はだれもがよりよく、より幸せに生きる権利を有している。国際ソーシャルワーカー連盟（IFSW）と国際ソーシャルワーク学校連盟（IASSW）のソーシャルワーク（専門職）のグローバル定義（2014）では「ソーシャルワークは、生活課題に取り組みウェルビーイングを高めるよう、人々やさまざまな構造に働きかける」と示されている。ウェルビーイングの概念は、相談援助が一部の生きづらさを感じている人や生活に困窮している人のみを対象とした救貧的なものではなく、だれも

---

*2　H・M・バートレット，小松源助訳『社会福祉実践の共通基盤』ミネルヴァ書房，pp.103～104，2009.

がよりよく幸せに生きることに貢献(こうけん)する機能があることを示しているといえよう。

また、クオリティオブライフは、「生活の質」や「生命の質」と訳される。ウェルビーイングと同様、クオリティオブライフを高めていくことは、相談援助において重要な意義がある。

4. エンパワメントと解放の促進

ソーシャルワーク（専門職）のグローバル定義（2014）では、「ソーシャルワークは、＜中略＞人々のエンパワメントと解放を促進する、実践に基づいた専門職であり学問である」とされている。

ソロモン（Solomon, B. B.）は、エンパワメントを「スティグマ化されたグループのメンバーであることに基づいた、ネガティブな評価によって創り出されたパワーレス状態を変化させるために、ソーシャルワーカーがいかに利用者、もしくはクライエント・システムの活動に携わるかというプロセス」であると定義した[3]。つまり、偏見(へんけん)や差別の対象となるマイノリティ・グループ（少数派）に属していることなどによるネガティブな評価により、ある人々は抑圧(よくあつ)され、本来もちうるパワーが潜在化(せんざいか)し、パワーレス状態におかれているという。

資源や資金、マンパワー、人間の基本的ニーズなどが不足している場合、不足した状態であることが見過ごされたままそれらが配分されてしまっていることで、不足した状態が当たり前になり、ニーズが満たされない状態が継続してしまうことがある。例えば、教育のニーズが満たされていない場合、教育を受けない状態が当たり前になり、教育を受けられない状態が継続してしまうことで、人々は教育を受けることによって獲得できるはずのパワーを潜在化させられ、パワーレス状態に陥(おちい)ってしまう。また、そのほかにも社会的な階級、社会的なコントロールの支配下にあること、差別や暴力などの問題があげられている[4]。

ソーシャルワーク専門職は、利用者とともにパワーレス状態を引き起こす社会構造にはたらきかけ、利用者を抑圧する社会構造からの解放をうながす。そして、パワーレス状態におかれていた人々の手にパワーを取り戻し、自らの環境をコントロールして生活を改善していくプロセスにいかに携わっていくかが問われている。

---

*3 Solomon, B. B., *Black Empowerment : Social work in oppressed communities*, Columbia University Press, p.19, 1976.

*4 Staub-Bernasconi, Silvia, 'Social Action, Empowerment, and Social Work-An Integrative Theoretical Framework for Social Work and Social Work with Groups', *Social Work with Groups*, pp.35-51, 1991.

参考文献

● H・M・バートレット，小松源助訳『社会福祉実践の共通基盤』ミネルヴァ書房，2009.

● Solomon, B. B., *Black Empowerment : Social work in oppressed communities*, Columbia Universiry Press, 1976.

● Staub-Bernasconi, Silvia, ʻSocial Action, Empowerment, and Social Work-An Integrative Theoretical Framework for Social Work and Social Work with Groupsʼ, *Social Work with Groups*, 1991.

● F・P・バイステック，尾崎新・福田俊子・原田和幸訳『ケースワークの原則——援助関係を形成する技法　新訳改訂版』誠信書房，2006.

● 添田正揮「ソーシャルワーク教育における文化的コンピテンスと多様性」『川崎医療福祉学会誌』第22巻第 1 号，2012.

● 與那嶺司「知的障害のある人の自己決定とその関連要因に関する文献的研究——支援環境要因も含めた自己決定モデルを活用した実証的研究の提案」『生活科学研究誌』第 8 巻，2009.

● 大阪市立大学大学院白澤政和教授退職記念論集編集委員会編『新たな社会福祉学の構築——白澤政和教授退職記念論集』中央法規出版，2011.

第 9 講

相談援助の対象と過程

本講では、相談援助について、Step1 では、子ども、保護者、地域といった対象を具体的にイメージし、それぞれに応じたかかわりについて理解を深める。

それらをふまえ、Step2 では、相談援助の過程について段階を追って理解し、援助過程の実践をイメージする。

さらに Step3 では相談援助過程における援助者としての態度や、援助者として意識していきたい視点について解説を行い、実践者としての意識の向上を図る。

Step 1

1. 保育における相談援助

保育士の役割

　児童福祉法に示される保育士の役割は、直接児童に対して保育を行うことが主とされてきた。しかし、近年の子育て環境の変化によって、保育士にもソーシャルワーカーとしての役割が期待されるようになってきている。そのなかでも一番期待されているのが、児童の保護者に対する援助であろう。

　施設や保育所等での生活や成長のための援助は、施設（保育所等）内にとどまらず、家庭や社会のなかでも求められるようになってきている。これまでも家庭とともに児童のよりよい成長を援助するために、施設（保育所等）のなかにおいて保護者支援の取り組みが行われてきた。しかし昨今の状況は、さらに社会のなかにおけるはたらきをも期待するものとなってきている。保育所は身近な子育て支援の場としてこども家庭センターと連携をしながら、相談機能の充実も図っていかなければならない。

　つまり、保育者としての役割のなかに、子育て支援を通じて家庭の子育て機能を高めたり、さらには地域の資源を開発したりしていくことも求められるようになってきているのである。

2. 対象としての児童

保育所における乳幼児

　2012（平成24）年8月に改正された児童福祉法第39条では、保育所を「保育を必要とする乳児・幼児を日々保護者の下から通わせて保育を行うことを目的とする施設」と定義している。

　すべての子どもたちは「子どもの最善の利益」を保障される存在である。そして保護者とともに子どもたちの育ちを助け、生きる力を育てていくのが保育の場といえる。乳児を含む子どもたちの育ちを考えていく際には、養護に代表される生命と成長の保障とともに、発達支援を含む教育への配慮が必要となる。

子どもに対する相談援助

　子どもたちに個別援助技術を用いた相談援助を行うことは、5～6歳児でもなか

なか難しい。しかしながら、子どもたちの思いを知る手だては、保育者としての学びや経験のなかで身につけていけるであろうし、身につけていかなくてはいけない。０歳児であっても、自分の意志や欲求をもっていることは、保育者として理解することができるであろう。それらの意志や欲求、また成長にともなう自我の芽生え、あるいは以後の仲間関係をも含めた複雑な気持ちの動きをとらえ、対応することが責務であることはいうまでもない。

　それらはいわゆる「相談援助」の技法による援助に加えて、「観察」から子どもの主体的活動を受け止め、応えていくことが求められる。主体的活動を受け止める際に必要なのが、その活動の根本にある子どもの思いである。子どもの思いを的確に受け止め、そして適切な援助をすることが保育者としての役割の１つともいえる。

　もちろん、これらの一連の援助は、そのまま「保育」と連続している。しかし、その実践にソーシャルワーク的な立ち位置で取り組むことによって、より主体性を尊重したかかわりができるであろうし、保育の専門性を高めていくことにもつながるだろう。

3. 対象としての保護者

子育て環境の変化

　「昨今の子育て環境の変化」と聞いただけで、ネガティブな語り口調になるようになって久しい。さまざまな子育てのかたちがあり、それぞれの時代でそれぞれに大変さもあっただろうが、現代の子育ての大変さは、核家族化の進行や地域におけるつながりの希薄化、女性の社会進出などによるものといわれている。

　子育て支援は、これらの状況をふまえて取り組まれている。少子化対策の基本理念では「父母その他の保護者が子育てについての第一義的責任を有する」[*1]とされている。子育てを肩代わりしたり、育児を手抜きするための支援ではなく、子育てが親にとっての喜びとなり、生きがいの１つとなるような支援が必要となっている。

*1　少子化社会対策基本法（平成15年７月30日法律第133号）　第２条

子育て支援としての相談援助

「保育所保育指針解説」では、保育所における保護者に対する子育て支援の基本は保育と一体的になされるものであるとし、「保育に関する指導」については次のように掲げている。

> **保育所保育指針解説：「保育に関する指導」の意味**
> 　保護者が支援を求めている子育ての問題や課題に対して、保護者の気持ちを受け止めつつ行われる、子育てに関する相談、助言、行動見本の提示その他の援助業務の総体を指す。

　ここでは、面接技法を用いた支援・援助にとどまらず、保育士と子どものかかわり方を通して意図的に保護者にアプローチすることも含まれることを示している。また、保育所における相談は、朝夕の登所・降所の際、保護者と保育者が言葉を交わす場面を利用するときも多い。そのようなあわただしい時間や空間のなかでどのような援助ができるかについては、保育所全体で考える必要がある。

　保育所に子どもを預けている保護者が保育士に寄せる信頼は厚いが、その信頼を獲得するにはそれなりの時間や双方の努力が必要である。しかし、その信頼を失するきっかけは、一瞬のやりとりであったりすることも多い。日ごろからのていねいなかかわりはもちろんのこと、そのための的確な情報収集を、保護者の言葉のみならず、態度や表情などからも敏感に察知する能力も求められる。また、子どもの姿を通して保護者のSOSに気づくことができるかもしれない。専門職としての敏感な感性をもつことも、保護者支援にたずさわる者として必要な専門性の1つである。

4. 対象としての地域

地域と保育所とのかかわり

　「保育所保育指針」では、「地域における子育て支援」としてソーシャルワークの原則をふまえつつ、主として保育所の2つの機能をあげている。1つは地域の子育ての拠点としての機能で、子育てに関して保護者に直接相談や援助を行ったり、情報を提供したりするほか、親子がともに参加できる事業を行うなかで保護者の子育てに関する支援を行うものである。もう1つは一時預かり事業で、保護者が一時的

に養育ができないときに子どもを預かることによって保護者の支援を行うとともに、子どもの養育の充足を図ろうとするものである。

　保育所が地域に開かれた場所であるということは、子育て家庭に安心をもたらし、子育て家庭が社会のなかに位置づけられ、見守られる存在となっていくことにも寄与^{きよ}していくだろう。

保育所以外の資源

　保育所が中心となって地域における子育て支援を展開するうえでは、その地域にある社会的資源を考える必要がある。地域の保育にかかわる関係機関や関係者にはどのようなものがあるだろうか。

　「保育所保育指針解説」には、次のような機関があげられている。市町村（保健センター等の母子保健部門・子育て支援部門等）、要保護児童対策地域協議会、児童相談所、福祉事務所（家庭児童相談室）、児童発達支援センター、児童発達支援事業所、民生委員、児童委員（主任児童委員）、教育委員会、小学校、中学校、高等学校、地域子育て支援拠点、地域型保育（家庭的保育、小規模保育、居宅訪問型^{きよたく}保育、事業所内保育）、市区町村子ども家庭総合支援拠点、子育て世代包括支援センター、ファミリー・サポート・センター事業（子育て援助活動支援事業）、関連NPO法人等である[*2]。その地域にあるこれらのさまざまな資源の情報を得ながら連携を深めることで、世代間の交流や地域のコミュニティの構築を図ることにつながり、それぞれの地域資源をさらに充実させることができるだろう。地域資源との連携もまた、ソーシャルワーク機能の1つである。

第9講　相談援助の対象と過程

---

*2　2024（令和6）年から「子ども家庭総合支援拠点」と「子育て世代包括支援センター」が一体化して「こども家庭センター」が設置される予定。

Step2

1. 相談援助の過程

　保育所における相談援助においては、単に個人的な関係で行われるものではなく、専門職としてのかかわりという意味で、一定のプロセスを経ることが求められる。保育士という資格者は、ソーシャルワーカーとしての一定の訓練を受けている社会福祉士等のように、いわゆるソーシャルワークの専門職ではない（なかには両方の資格をもつ人も少なくない）が、適宜ソーシャルワークの中核を担う機関と連携をとり、ソーシャルワークの基本的な姿勢・知識・技術等も理解していくことが望ましいとされている（保育所保育指針解説）。ただ理解することだけではなく、ときには保育士も援助関係にかかわる重要な援助者の一人として役割を担うことがある。

　そこで次に、ソーシャルワークの過程にそって、保育所における相談援助の過程をたどってみる。支援の対象は、ニーズをかかえている個人であったり家族であったりする。問題解決の主体は利用者本人であるということを理解しておきたい。

① 問題の発見

　保育所における相談援助は、保護者から相談されたから対応するだけに限らない。むしろ、日ごろの子どもの様子や来所時の保護者の言動等から問題を発見することも多いだろう。また、家庭訪問等を通して、家庭の状況から問題を発見することもある。極端な場合、家庭訪問を拒み続ける家庭に対して、どのようにアプローチするのか考えることも必要であろう。関係を拒むということは、そこに何らかのサインが出ている可能性が高いといえる。

② インテーク

　インテークは、問題を発見することによって、援助関係を構築していく過程である。利用者本人の言葉（バーバル）や非言語的表現（ノンバーバル）から、困っていることを明らかにし、問題を一緒に解決していこうとはたらきかける過程であるといえる。

　この段階では、利用者と信頼関係を結ぶことが求められる。そのためには傾聴の姿勢が欠かせない。加えて大切なのは、話しやすい環境や雰囲気である。保育所という環境のなかでは、日ごろのさりげない声かけや、保護者が困っていることを気がねなく相談できるような関係づくりを、常に意識しておくことが必要であろう。

　信頼関係が築けていない場合、相談室のような場所、あるいは園長室に入室すること自体に抵抗を感じることもありうる。保育所全体で、日ごろから子どもやその

家族が気軽に入室できる環境や雰囲気づくりをしておくことも必要である。

③ アセスメント（事前評価）

　利用者の情報を多面的にとらえていく段階である。インテークによって得られた情報だけではなく、利用者に関する情報を多方面から収集する。利用者本人が気づいていない情報や、本人が本来もっている力や強み（ストレングス）についてもとらえていく。そのうえで、利用者のニーズを知り、明確化していかなければならない。地域社会と利用者との関係も視野に入れながら、地域におけるさまざまな資源、例えば保護者同士のつながりなども同時に把握する必要がある。

④ プランニング

　さまざまな情報を収集し整理したら、それらをもとに援助・支援のためのプログラムを作成することになる。まず、利用者のかかえるニーズや問題をどのように解決するのかという目標を設定する。その最終目標に向かって、いくつかの短期目標を段階的に設定していくことが必要であろう。解決にあたっては、アセスメントで明らかとなった利用者自身の強み（ストレングス）に着目することが大切である。利用者が自ら発揮できる力に気づいていくよう、さまざまな角度から援助していくことが求められる。

　また、社会資源のうち、どのようなものを活用できるのか、新たに開発できるものは何かということも考える必要があるだろう。その際、公的（フォーマル）な社会資源だけではなく、非公式（インフォーマル）な社会資源、すなわち、本来援助的な役割として公的に位置づけられたものではないが、利用者の身近なもの（場所）や人（子ども同士のつながりやいつも買い物に行く店舗など）も、利用者にとっては大切な資源の1つとなる可能性がある。

⑤ インターベンション（介入）

　プラン（援助・支援プログラム）が設定されたら、それを実行していく段階となる。利用者自身の能力や人格に直接はたらきかけ、あるいは社会資源を利用して問題の解決を図っていく。その際、利用者がかかえているさまざまな不安を解消し、安心してプログラムに取り組める環境を整えていく役割を担うことも求められる。

　例えば、必要に応じて子どもを預かる時間を延長するなど、ときにはイレギュラーな対応を求められることもあるかもしれない。その対応が保育所機能としてどの程度受け入れることができるかを考慮しながら、設定されたプランにそって介入していく。その際、問題を解決していく主体は利用者本人であり、保育者はあくまでも援助者としてかかわるという意識が必要である。

⑥ モニタリング（中間評価）

　援助・支援プログラムが開始されたら、その経過を観察・評価する必要がある。人の生活は常に変化していく。それはその人自身の変化でもあるし、周囲の人たちの状況の変化や環境の変化も含まれる。介入による変化もあるだろうし、その他の影響による変化もあるだろう。介入による変化はもちろん、それ以外の変化についても観察し、評価を 怠 らないことが求められる。

　このモニタリングは、介入の段階において常に行われている。プランがうまく進行しているか、あるいは進行していないか、進行していない場合、なぜそのような事態が起きているのかを見きわめ、ときには再アセスメントを行い、プランを修正することも必要である。介入の過程で例としてあげた、イレギュラーな延長保育がどのような効果をもたらしているか、保育所機能としてうまく機能できていない状態となっていないかなど、介入の評価をふまえ、必要に応じて再アセスメント・再プランニングを行っていく。

⑦ エバリュエーション（事後評価）

　介入の終結、もしくは段階ごとに行う評価である。ある段階を終えた後に、支援を終結とするかどうかを検討することを含む場合がある。また、一定期間を客観的に評価し、この評価によって再アセスメントの段階をふみ、再度プログラムを修正することもある。

⑧ 終結

　これらの一連の流れによって、援助関係にあった利用者のニーズが満たされ、支援を必要としなくなったと判断されれば終結となる。しかし、援助機関がニーズを満たすための支援ができない状態になって、終結せざるをえない場合も考えられる。その場合には、支援ができるであろう新たな機関へつなげていくことが必要となる。次に支援をする新たな機関への適切な情報提供や連携についても、過不足なく行うよう心がける。

2. 相談援助過程の進行

　相談援助の過程は必ずしも順序どおりに進むわけではなく、それぞれの段階で必要に応じて見直し、やり直しをしながら進んでいく（**図表9-1**）。③のアセスメントから⑦のエバリュエーションを通して終結に至るまで、それぞれで再アセスメント、再評価、再プランニングを繰り返しながら進む過程であることを理解しておく必要がある。

図表9-1 相談援助の過程

① 問題の発見
　　↓
② インテーク
　　↓
③ アセスメント（事前評価）
　　↓
④ プランニング
　　↓
⑤ インターベンション（介入）
　　↓
⑥ モニタリング（中間評価）
　　↓
⑦ エバリュエーション（事後評価）
　　↓
⑧ 終結

フィードバック

出典：柏女霊峰・橋本真紀編『保育相談支援』ミネルヴァ書房，p.58，2011.
　　　を一部改変。

Step3

1. 受容的に話を聞く態度

　「保育所保育指針」の「第4章　子育て支援」では、保育所における子育て支援に関する基本的事項として「保護者の気持ちを受け止め、相互の信頼関係を基本に、保護者の自己決定を尊重すること」をあげている。それを受けて「保育所保育指針解説」においては、「保育士等には、一人一人の保護者を尊重しつつ、ありのままを受け止める受容的態度が求められる。受容とは、不適切と思われる行動等を無条件に肯定することではなく、そのような行動も保護者を理解する手がかりとする姿勢を保ち、援助を目的として敬意をもってより深く保護者を理解することである」とされている。

　この姿勢はバイステック（Biestek, F. P.）からもヒントを得ることができる。バイステックは、援助関係における3つの方向性の2つ目にケースワーカーの反応をあげ、「ケースワーカーはクライエントのニーズを感知し、理解してそれらに適切に反応する」としている。それをふまえると、受容とは、単にクライエントをそのまま受け止めるのではなく、知的な判断に基づいたものととらえることができる。また「クライエントを受けとめる行為とは、例えば援助を目的としてクライエントを理解すること、クライエントに敬意をはらうこと、また愛すること、把握すること、あるいは認識すること、援助すること、さらに迎えることなどである」と述べている[*3]。保育士が相談援助の対象とするのは「クライエント」としてとらえるべき対象ではないが、保育の専門職としての基本的姿勢であるという点において参考にできるだろう。

　本講では、相談援助の対象として「子ども」「保護者」「地域」をあげている。いずれの対象に対しても「受け止める」態度が重要であることはいうまでもない。保育士をめざしている人たちであれば、「子どもを受け止める」姿勢は、日ごろからさまざまな場面で学んでいるだろう。また保護者に対しても、最善の支援のために受け止める努力がなされているであろう。それらを具体的に実践できているか、また実践できるかどうかについては、常に意識しておく必要がある。

　さらに「保育所保育指針解説」では、「安心して話をすることができる状態が保障されていること、プライバシーの保護や守秘義務が前提となる」とされている。この「安心」は、日ごろからの関係のなかで構築されるものである。しかし、保育

---

*3　F・P・バイステック, 尾崎新・福田俊子・原田和幸訳『ケースワークの原則——援助関係を形成する技法 新訳改訂版』誠信書房, p.110, 2006.

士等のたった１つの不注意によって、保護者からの信頼を失ってしまう可能性があることに留意（りゅうい）が必要であろう。昨今は安易（あんい）なソーシャル・ネットワーキング・サービス（SNS）の利用によって、トラブルに発展してしまうといった事例も起こっている。ごく当たり前のことではあるが、公私の区別をどのようにつけるかについて、自分なりのルールはもちろん、保育所全体においてもルールづくりとその遵守（じゅんしゅ）について、定期的に話し合う機会を設ける必要があるだろう。

2. 当事者の主体性

　保育所での保育においては、子どもたちの主体的活動が基盤となっている。それは相談援助の場面においても同様である。対象である子どもや保護者が、自らの問題やニーズに対して、自ら選択して行動することができるよう支援することが求められる。

　「保育所保育指針解説」の「第４章　子育て支援」では、保護者に対する基本的態度として「援助の過程においては、保育士等は保護者自らが選択、決定していくことを支援することが大切である」とされている。問題解決の方策は与えられたものではなく、子どもや保護者自身が選択することによって、さらに問題解決能力は高まっていく。そのためにも、当事者のもつストレングスへの着目は重要となる。専門職である保育士が、対象となる子どもや保護者を肯定的（こうていてき）にとらえ、もっている力や強みを信頼することが、当事者の主体性を引き出すことにつながる。

3. 子育ての喜び

　「保育所保育指針」の「第４章　子育て支援」では、保育所における子育て支援に関する基本的事項の１つとして「保護者が子どもの成長に気付き子育ての喜びを感じられるように努めること」が示されている。子どもの育ちは保護者が主体となってなされるものであることを、保育者は今一度確認することが必要であろう。

　子育て支援では、保護者の養育力の向上をめざしている。保護者自身が、子どもが育つ喜びや、保護者自身が育てているからこそ得られる喜びに気づき、また、子どもたちが保護者から愛されていると実感できるような援助を、保育士はしていかなければならない。

参考文献

● 無藤隆『はじめての幼保連携型認定こども園教育・保育要領ガイドブック』フレーベル館，2014.

● 厚生労働省編『保育所保育指針解説』フレーベル館，2018.

● 厚生労働省編『平成25年版 厚生労働白書』2013.

● 内閣府『令和４年版 少子化社会対策白書』2022.

● 文部科学省中央教育審議会「「令和の日本型学校教育」の構築を目指して〜全ての子供たちの可能性を引き出す，個別最適な学びと，協働的な学びの実現〜（答申）」2021.

● 橋本好市・直島正樹編著『保育実践に求められるソーシャルワーク──子どもと保護者のための相談援助・保育相談支援』ミネルヴァ書房，2012.

● 和田光一監，田中利則・横倉聡編著『保育の今を問う保育相談援助』ミネルヴァ書房，2014.

● 白石崇人『保育者の専門性とは何か』社会評論社，2013.

● F・P・バイステック，尾崎新・福田俊子・原田和幸訳『ケースワークの原則──援助関係を形成する技法 新訳改訂版』誠信書房，2006.

● 無藤隆編著『10の姿プラス５・実践解説書』ひかりのくに，2018.

● 柏女霊峰・橋本真紀編著『新・プリマーズ／保育　保育相談支援』ミネルヴァ書房，2011.

COLUMN　相談援助の当事者としての年少児

　「相談援助」というと、言葉による相談が想定されるが、保育所における相談援助の当事者には、言葉によるコミュニケーションをまだ十分にとれない子どもたちも含まれる。では、その子たちへの「相談援助」は、どのような視点から取り組めばよいのだろうか。

　０歳児を例にあげて考えてみよう。言葉をまだ発することができない乳児は、意思をもっていないのであろうか。保育を学んでいる人であれば、おそらく「もっている」と言い切るだろう。確かに、コミュニケーションツールとしての「言葉」はまだ獲得していないが、生後まもなくから自分の欲求を「泣く」ことなどで表現することができる。そして、周囲の大人はそれらの表現を「訴え」として受け止めている。この乳児の欲求に応えるのは保育者の役割の１つである。乳児は、欲求が満たされることで安定した状態となり、周囲への信頼感が心のなかで育っていく。このように、子どもの思いを汲み取ってその思いに応えていくことは、子どもに対する援助そのものであり、子どもの権利を守るための重要な要素の１つである。

（土谷長子）

第 10 講

相談援助の方法と技術

　本講では、保育現場における相談援助の方法と技術について学ぶ。

　Step1 では、相談援助の方法と技術の全体像と、その特性に関連する相談援助の視点を学ぶ。Step2 では、相談援助における援助関係の形成および人と環境との接点、環境や社会資源へのはたらきかけに応じた方法と技術について学ぶ。Step3 では、保育現場において保育者が相談援助の方法と技術を用いた支援を行うことの強みと関係機関との連携における課題について考える。

Step 1

1. 保育の専門性を活かした相談援助の方法・技術の必要性

保育現場で相談援助が求められる状況

　1997（平成9）年の児童福祉法改正により、保育所業務に「地域の住民に対し、その行う保育に関しての情報提供、乳幼児等の保育に関する相談、助言」（第48条の4）、保育士の業務に「保護者に対する保育の指導」（第18条の4）が規定され、保育者の専門性を活かした保護者や地域に対する支援が求められるようになった。さらに、2017（平成29）年告示の「保育所保育指針」の改訂では、保護者や地域の関係性を高め、地域の関係機関等との連携および協働を密にして支援を行うことなどが記載され、保育所の支援体制を拡充していくことが必要とされている。

　実際に保育現場で相談援助が求められる状況では、在園児の問題だけでなく、さまざまな保護者自身の問題を解決する必要性がある。例えば、

・保護者自身のメンタルヘルス不調から起こる虐待や養育上の問題
・子どもの発達面での心配や不安、家庭での養育の難しさによる問題
・DV（ドメスティック・バイオレンス）、夫婦や家族の不仲
・ひとり親家庭の保護者の交際相手や再婚相手と、子どもの信頼関係形成の難しさ
・経済的な問題、勤務先での人間関係の悩みや雇用条件の不安

　このように、保育所で取り組む相談援助には、保育の専門知識や技術だけでは解決できない問題も多く含まれている。そこで、相談援助や支援を行う際にはソーシャルワークの方法・技術を活用していくことが必要となったのである。

2. 保育者が相談援助で用いるソーシャルワーク

　相談援助において、保育者はソーシャルワークの知識と技術を保育所の機能と保育士の専門性と融合させて、活用していくことが可能である（**図表10-1**）。保育者が活用することができるソーシャルワークとは、生活課題をかかえる当事者（個人・家族・小集団・組織・地域社会など）と社会資源との関係を調整しながら、当事者の自己決定を尊重しつつ対処能力を向上させることで課題解決をめざし、自立的な生活や自己実現の達成、ウェルビーイングを高めることを支える一連の活動をいう。また、当事者が活用できる社会資源がない場合は、必要な資源の開発や当事者のニーズを行政やほかの専門機関に伝えるなどのはたらきかけも行う。

図表10-1　保育現場における保育者の相談援助の方法と技術の概要

方法・技術の名称	保育現場における方法・技術の概要
アウトリーチ	支援が必要な状況であるにもかかわらず、それを認識していない、あるいは支援につながっていない子どもや保護者に対して、保育者から支援につなげるためのはたらきかけを行う
面接	援助関係の形成および問題の発生状況、発生要因、対処法に関する情報収集、分析・解釈するためのコミュニケーション
アドボカシー	権利擁護（けんりようご）や意思尊重を目的に、個人（子どもや保護者）・グループ・地域から聞き取った心情や要望をそのまま伝達したり、保育者が現状から推察（すいさつ）した心情や要望を他者に代弁する
評価	【アセスメント：事前評価】 子どもや保護者のもつ力や状態、問題の状況、解決に向けて利用した社会資源の情報をもとに、優先課題の選定や緊急性を判断する 【エバリュエーション：事後評価】 支援後の子どもや保護者の状態の変化や支援効果の確認を行い、支援の継続や終結を判断する
チームアプローチ	関係機関や専門職でチームを形成し、目標に向かって、チームの強みを意識しながら意図的に活用して支援する
ケースカンファレンス	支援に関する情報を共有し、組織的な支援計画を作成するための会議への参画および会議を運営する
プランニング	効率的な社会資源の活用による問題解決を図るために、だれが、だれに、何を、いつからいつまで行うのか、期待できる支援の効果をふまえた支援計画を立案する
ケースマネジメント	支援を必要とする子どもや保護者を見つけだし、生活に必要な制度やサービス、専門職につなぎ、衣食住、収入、心身のケアなどに関する資源が得られるよう支援する。支援を一体的に行うために、関係機関と支援状況を共有し、ニーズが汲み取られていない場合は代弁し、機関や資源がニーズに対応できるよう調整を行う
グループワーク	共通の関心や問題を有するグループを対象に、グループの治療力、教育力、相互支援力等を活用して集団援助を行う
ネットワーキング	子どもや保護者の支援に必要となる公的・私的な社会資源の分野・業種等の横断的な連携、協働関係を形成する
コミュニティ・オーガナイジング	地域住民自身が地域の子育て課題を解決し、子育て支援の活動を主体的に行えるよう支援する
社会福祉調査	地域の子どもや保護者がかかえる問題の把握、社会制度やサービスの有効性の検証のために各種の調査を行う
社会資源の改良および開発	既存の社会資源を活用しやすいように改良する提案や、地域に新たな社会資源を創り出す
ソーシャルアクション	子どもに関する制度やサービスの改善を目的とした周知・啓発運動（けいはつうんどう）や、関係機関への情報提供、提案を行う

「人と環境との接点への介入」という相談援助の視点の基盤となる生活モデル

　ソーシャルワークの知識を用いて相談援助を行う際、保育者は、生活モデル、エコロジカルアプローチ、システム理論、バイオ・サイコ・ソーシャルモデルなど多様な理論を活用する。これらのソーシャルワークの理論では、人と環境は互いに影響し合っていると考えるため、困りごとや問題をかかえた本人が問題解決力を向上できるようなはたらきかけを行うとともに、本人を取り巻く環境との関係を改善するようなはたらきかけを行う。さらに、人と環境との接点でさまざまなやりとり（相互作用）をしているところに、何らかの摩擦が起こり、その結果、生活上の困りごとや問題が生じていると考え、その接点に介入をして人と環境との摩擦の解消（調整）を行う。平山ら（2000）は、ソーシャルワークの相談援助における環境を、社会心理的環境（自分が希望していること、自分の周囲の人に対する態度、行動および期待など）、物理的環境（家屋、道路、交通網など）、家族環境（両親、きょうだいなどの関係）、社会環境（近隣住民、友人関係、職場関係など）を構成要素とする概念として解説している[*1]。

　また、ソーシャルワークの相談援助において、人に相互作用を与える環境について社会資源を含めて解説している者もいる。原田（2014）は、社会資源とは、制度、機関、サービス、人材、資金、技術、知識、機会等の社会生活に不可欠な有形無形の資源としている[*2]。社会資源は、整備する地域単位、運営・設置の主体別にフォーマル・インフォーマルに大別される。フォーマルな社会資源には、行政によるサービスや公的サービスを民間組織が提供するサービスなどがある。インフォーマルな社会資源には、家族、親戚、知人、近隣住民、ボランティアによるサービスなどがある。

　問題解決を図るために、生活モデルを相談援助の視点の基盤とする保育者は、人と環境や社会資源の接点における不調や不具合を探し、人や環境・社会資源の双方を調整する。しかし、支援が必要な状況にある子どもや保護者が希望する環境や社会資源によっては、調整では解決できないこともある。

　例えば、既存の社会資源はあるが、活用するうえで問題や不足がある場合には、再資源化や埋もれている資源を発掘する方法・技術を用いて解決を図る。さらに、既存の社会資源がない場合は、新たな社会資源を創出する方法・技術を用いて解決を図る必要がある。

本人の問題解決の意欲や能力を活かす視点の重要性と基盤となる理論・モデル

　相談援助では、保育者が環境や社会資源にはたらきかけて問題を解決していく方法・技術だけではなく、人と環境との接点に着目して、問題をかかえる本人が問題解決の意欲を高め、本人のもつ能力、いわゆる内的資源を発見し、それを発揮できるようにはたらきかけていく必要がある。

　本人の意欲を高め、能力を活かす相談援助の基盤には、ストレングスモデル、エンパワメント理論がある。これらの理論は、相談援助が取り組む問題のなかに、発生原因が多数ある、あるいは問題となる状況が世代を越えて繰り返されている、歴史的または政治的な経緯と関連があるなど、要因が判明しても変えようがない複雑な状況に支援者が直面するなかで生み出されてきた。本人を主体とした相談援助を実践していくために、個人や環境、地域がもつ強み（ストレングス）を見いだし、それらが強化されるよう努めなければならない。

第10講　相談援助の方法と技術

＊1　平山尚・武田丈編著『人間行動と社会環境──社会福祉実践の基礎科学』ミネルヴァ書房，2000.
＊2　原田正樹『地域福祉の基盤づくり──推進主体の形成』中央法規出版，2014.

Step2

1. 相談援助における援助関係の形成に用いる方法・技術

　保育者は、子どもや保護者など個人へはたらきかけ、援助関係を形成するために、相談援助において次のような方法・技術を活用する。

アウトリーチ

　支援が必要な状況におかれていても、当事者に困り感がない場合や、社会サービスの利用に対する不安や抵抗感がある場合、支援につながりにくいことが考えられる。そこで保育者は、園生活での子どもの様子や保護者との対話を通して、支援を必要とする状況を見つけだし、不安や抵抗感を取り除くために何度も説明や情報提供を行い、相談に応じ、サービスの利用動機を高めていく。また、未就園児のいる子育て家庭に対しても、地域に出向いて子育て支援活動を行い、地域の身近な相談先として情報発信や社会サービスを仲介する役割を担うことがある。

面接技術

　保育者は、面接という時間と機会を意識的に設定し、子どもや保護者がかかえている不安や困難をありのまま受け止め、希望や要望を具体化し、信頼関係（ラポール）の形成を図る。また、面接技術を用いて、問題の発生状況、発生要因、対処方法に関して、人と環境や社会資源との接点から情報を収集し、原因と解決方法を探索する。さらに、面接を通じて、当事者の問題解決の意欲を高め、本人の能力を発揮できるようにはたらきかける。

2. 人と環境との接点にはたらきかける相談援助の方法・技術

　保育者は、人と環境との接点に着目したはたらきかけを行うために、相談援助において次のような方法・技術を活用する。

評価

　保育者は支援の開始前、継続中、終結後の過程において、問題をかかえている当事者と環境の双方に効果をもたらすことができているかを評価しながら進める。支援の開始前には、保育者は、問題の発生状況とその原因、支援開始前の対処状況、今後起こりうる危機的状況の予測や改善に寄与できる情報を子どもや保護者から収

集し、分析、評価する（アセスメント）。保育者は面接技術を用いて、当事者の生理的・身体的状況、心理・認知的状況、社会環境（社会生活や社会資源とのつながり）状況の３側面について直接情報を得る。また、緊急対応時を除き、子どもや保護者の承諾のうえで、関係機関・関係者から支援状況や各種の健康診査・発達検査の結果などの間接情報も入手する。

　支援開始後は、支援計画の区切りごとに効果を確認し、支援内容の継続、変更、終結の必要性を評価する（モニタリング）。支援の終結時には、支援のプロセス全体を振り返り、ソーシャルワーク理論と照らし合わせながら、移行時の評価および当事者のペースに合わせて進めていくことができたかなどのプロセス評価、支援計画で設定した目標の達成度、未達成状況の要因分析、当事者の言動や社会資源、支援者等のつながりの増減などのアウトカム評価を行う（エバリュエーション）。

アドボカシー

　アドボカシーは、権利擁護や意思尊重を目的にした代弁行為であるが、大きく次の５種類に分けることができる。

①**ケースアドボカシー**：個人とその家族を対象に、彼らが言語・非言語で表出した心情や要求を代弁する。

②**クラス・アドボカシー**：集団やコミュニティを対象に代弁する。

③**コーズ・アドボカシー**：特定のニーズをもつ集団のために制度改革や新しいサービス・資源の開発等をめざして、代弁したりはたらきかけたりする。

④**セルフ・アドボカシー**：当事者自身で権利や利益、ニーズを主張する。

⑤**ピア・アドボカシー**：同じ問題をかかえる人が集まり、互いのニードを代弁する。

　保育現場では多様なアドボカシーを行うが、それらが支援開始のきっかけになることもある。例えば、虐待を受けており支援が必要な状況にある子どもが、支援を求めることができない、手立てがわからない場合に、保育者が関係機関に連絡・相談することはケースアドボカシーである。また、支援計画の作成や実施段階で、問題解決に取り組む関係機関や関係者に対して、子ども・保護者の希望や要求を伝達、代弁することもケースアドボカシーである。さらに、既存の社会サービスやシステムに対して、共通する問題の解決をめざしたグループから出された意見や要望を代弁することはクラス・アドボカシーであり、個別支援や集団支援から判明した既存の社会サービスや制度上の問題への改善案を提案することはコーズ・アドボカシーである。

第10講　相談援助の方法と技術

チームアプローチ

　子どもや保護者にかかわる関係者でチームを形成し、支援目標に向かって、チームの強みを意識し、意図的に活用して支援する。チームは、保育現場内のメンバーのみで構成される場合と、他機関の多様な専門職で構成される場合がある。

　保育現場で取り組むべき課題は多様化・複雑化しており、保育関係機関のみで対応、解決できない状況もある。問題解決を図るために、福祉、医療、保健、教育、心理、警察、司法分野等の他機関、社会福祉士や精神保健福祉士等の社会福祉専門職、医師・看護師・保健師・理学療法士・作業療法士・言語聴覚士等の医療関連職、公認心理師・臨床心理士・臨床発達心理士等の心理専門職、警察官・弁護士等の他職種と情報共有し、連携していく。

　専門機関や専門職以外に、民生委員・児童委員や主任児童委員、子どもや子育て支援に関連する特定非営利活動法人（NPO）がメンバーに加わることもある。チームメンバーとして、保育者は、他機関・他職種の専門性の特徴と支援内容を把握しておく必要がある。

ケースカンファレンス

　解決すべき問題やニーズの把握、それらに対する支援方針の共有、支援方法の選択と決定、支援の継続および終結を判断するために、支援効果の確認時期や方法などに関し、同一機関内、あるいは他機関の関係者が一堂に会し、検討する。ケースカンファレンスにおいては、次の4点に留意する。

①**問題となる事実の確認**：問題はいつ、どこで、何がきっかけで起きているのか、だれが何に困っているのか、それがどうなってほしいのかを確認する。

②**予測される危機の確認**：現在の状況を悪化させることに関連のある状況の有無を確認する。例えば、収入の減少、ひとり親、若年出産、ステップファミリー、親の問題（知的障害、人格の偏り、虐待被害経験）、子どもの問題（知的障害、発達障害、行為障害）、問題を増幅させる事柄（支援に拒否的、夫婦不和、祖父母の干渉）などである。

③**環境との接点で良好な事柄の確認**：良好な事柄には、子どもの資質（知的レベルが高い、愛想がいい、運動・音楽・絵画等の才能があるなど）、家族の資質（夫婦関係がよい、常識的、転職が少ないなど）、関係者の協力（親族や知人が協力的、関係機関とのつながりがあるなど）、解決の実績（すでにできていること、偶然にできたこと）などがある。

④**意思や目的の共有と支援目標の検討**：子どもの特徴、保護者・家族の特徴、問題が起きる場面での本人や家族のやりとり、対処パターンを把握したうえで、子ども、保護者や家族が希望する状況と意思、支援関係者の思いと願いを共有する。そして、当事者の自己決定を尊重し、数年後の子どもと家族の生活まで思い描き、方針を決めていく。

プランニング

カンファレンスの結果を支援計画として集約し、可視化する。支援計画では、当座の支援、短期的、中長期的目標を設定し、支援内容を役割分担しながら、組織的かつ計画的に遂行していく。計画を立てる際には、次の4点に留意する。

① 支援役割を決める際は、各機関の権限や特徴に応じて特定の機関に負担が集中しないようにする。

② 関係機関同士の守備範囲を明確にし、リスク管理と危機対応を徹底する。

③ 支援開始日は明確な日付を設定し、定例業務ならば頻度、危機対応ならば危機的状況の判断基準となる具体的な兆候まで決めるなど、支援が確実に実施できるように具体的な計画を立てる。

④ 不必要に支援者の負担感を重くしないために、支援期間および終了のめどをつける。

ケースマネジメント

支援の開始にあたり、支援計画に基づいて、子どもや保護者が各種の社会制度やサービスなどの公的社会資源と、家族、親戚、近隣住民、友人、同僚、ボランティアの支援や民間サービスなどの私的社会資源を一体的に利用できるように仲介する。仲介に際して、子どもや保護者には、社会資源に関する情報提供や利用時の利点や限度などの説明、活用方法の提案を行う。並行して、保育の専門的視点や日常的なかかわりから把握した子どもや保護者の状態や問題に関する認識を、関係機関に情報提供する。

また、社会資源を活用していく際の不安や不満を受容し、必要に応じて関係機関に要望を代弁し、交渉する。

3. グループを活用した方法・技術

相談援助を行う際に、保育者は、共通する経験や関心を有する子どもや保護者の

グループを形成し、集団のもつ力を活かしたグループワークの方法と技術を活用する。グループワークの目的には次の5つがある。

①**サポート**：互いに共感し合い、生活上の困難に対処する個人の力を伸ばす

②**教育**：学習や技能の発達

③**成長**：メンバーの気づき、洞察（どうさつ）、成長、発展、潜在能力の向上

④**訓練**：行動の変容、対人関係における行動パターンの改善

⑤**社会化**：コミュニケーション、社会対応力・対人関係のスキルの強化

　グループワークには、目的に応じたさまざまな活動プログラムがある。例えば、児童養護施設等の社会的養護の施設では、共通する経験や関心を有する子ども同士のグループを形成し、本人の関心や興味に焦点をあて、①言葉のやりとりや話し合いなどを通じた心理教育やトレーニング、②描画（びょうが）、コラージュ、詩や短歌づくり等の創作活動、③音楽活動、④運動・スポーツ、⑤ドラマ、演技活動、ロールプレイ、⑥園芸、⑦ゲーム、⑧キャンプや野外活動、⑨職場見学などのプログラムを通した支援を行っている。

　また、保育所や地域子育て支援センターにおいても、子どもの養育や発達に共通した悩みや不安をかかえる保護者を対象に、グループを活用した支援を行っている。日常的に子どもや保護者と接する機会がある保育や養護の現場において、グループを活用した支援を行う強みは、グループ活動後の行動や状態の変化に応じて活動以外の時間にフォローすることができる点である。

　行政の相談機関や医療機関も同様に具体的なプログラムを提供するが、支援後の振り返り、変化の観察、必要に応じた改善のための再支援を行うまでに時間を要する。一方、保育および養護の現場では、日常的に子どもや保護者と接する機会があり、子どもや保護者がグループ活動で経験・学習したことによる変化の読み取りができる。また、支援を実践したあと即座に振り返り、賞賛（しょうさん）や承認などの継続の強化を図ることや、うまく実践できなかった場合でも修正や助言などを行い、改善・促進することが可能である。

4. 環境・社会資源にはたらきかける方法・技術

　保育所やほかの児童福祉施設などが関係機関や地域との連携を図り、多様な支援の選択肢を拡充させていくために、相談援助において次のような方法・技術を活用して環境や社会資源にはたらきかける。

ネットワーキング

　関係機関、専門職、地域と連携し、問題の解決に向けて、情報交換、学習、社会資源の開発や地域活動を通して相互の役割や違いをみとめ、社会的支援を相互に提供することを可能にする地域を創り出していく。

コミュニティ・オーガナイジング（組織化）

　地域で共通の関心や要望をもつ子育て家庭や地域住民が参集する機会をつくり、集団で活動目標を設定し、解決に向けた情報収集や実践などの本人たちの主体的な活動を促進する。

社会福祉調査

　保育者が、既存のフォーマル・インフォーマルな社会資源の有効性の検証をしたり、支援が必要な状況にある潜在的な対象者を発見し、ニーズを把握するために、子どもや保護者、関係者への聞き取り、実地踏査、参与観察、質問紙調査等を実施する。また、先進的事業の視察、既存の調査資料やデータから、ニーズや社会資源の活用実態を分析する。

社会資源の改良および開発

　既存の制度やサービスでは対応できないニーズに対し、集団討議法や社会資源の開発プログラム理論を活用して、関係機関や地域住民を組織化し、既存の社会資源の確認や利用課題に基づく改良の提案、さらに新しいサービスを創設するための組織やしくみづくりを行う。

ソーシャルアクション（社会活動法）

　子どもや保護者、地域住民などのニーズに応えて関係者や多様な専門職との組織化を図り、既存の制度やサービスの維持・改善・拡充、新規のサービスの創設などを求めて、学習会、調査、広報、宣伝、住民集会、署名活動、団体交渉等の方法により、行政や団体等にはたらきかける。

第10講　相談援助の方法と技術

125

Step3

保育者の相談援助者としての強み

保育所はその施設数、利用者数がほかの福祉施設に比べて突出して多く、どの地域においても認知度が高いことは、相談援助機関としての強みといえる。また、笠原（2004）は、保育所を利用する保護者が相談相手として保育士をどのように認識しているのかについて調査し、保育所・保育士の相談援助者としての強みと相談援助における留意点を次のように示した。

「保護者は保育所に通う子どもの様子から、子どもにかかわる専門性の高さを保育士に感じており、子どもや子育てに関する相談については相談しやすい専門家として認識されていることがわかる。一方で、保護者自身の問題については相談しない傾向が高い。また、保育所には相談時間と場所が用意されていると認識している。保育士に相談する場合、保育士の受容的態度を保護者は求めている。さらに保護者は、保育士が適切にほかの専門機関を紹介してくれるという認識をもっており、早期にニーズを発見する予防的支援者の役割と、専門機関に適切につなぐ仲介者の役割を期待している。その反面、保育士に相談した後、何かを強制されるのではないかという不安もあり、保育士はその不安を取り除くためのかかわりを行う必要がある」*3

保育現場の相談援助の場としての強み

保育者は面接場所や方法にしばられず、保育現場のさまざまな場面を活用し、子どもや保護者の状況に応じた対応をすることが求められる。例えば、日常的な送迎時の立ち話、家庭訪問、園の行事、懇談会や保護者会、研修会等において、保育者の意識次第で多様な相談の機会を得ることができる。

また、保育所における相談援助の強みには、次のような3つの特徴がある。

① 特別な面接時間の設定を除いて、毎日の送迎時間帯を中心に相談援助を行うことができる。つまり、保育者にとっては、慌ただしいなかで、一人ひとりの保護者とゆっくり話をするには時間の制約があるものの、日常的な声かけから相談援助を行うタイミングがたくさんあり、保護者にとっても、気軽に相談する機会が

---

*3 笠原正洋「保育園児の保護者が子育ての悩みを保育士に相談することに何がかかわっているのか」『中村学園大学・中村学園大学短期大学部研究紀要』第36号，pp.25～31，2004. をもとに筆者要約。

いつでもあるということである。

②　子どもと保護者の双方の状況を継続的に把握することができる。保育者は、保育中の子どものわずかな変化から、家庭の異変を早期に察し、相談援助や必要な支援へつなげることができる。

③　日々の保育活動を通じて、保育者と保護者は子どもをともに育て、子どもの成長を喜び合える機会をもつことで、信頼関係を築くチャンスに恵まれている。

保育現場が関係機関との連携や協働で果たす役割の重要性と課題

　貧困、虐待、DV、障害や疾病を有する子どもや保護者など、多様で複雑な背景をもつ問題やニーズに対応する場合、保育所以外の専門機関や専門職との連携が必要となる。連携において、保育者は、前述のとおり最も身近な援助機関としての親近感や接触の機会の多さを活かし、子どもや保護者と関係機関との仲介者として、子どもや保護者の要望やさまざまな機関に干渉されるストレスを代弁し、調整するなどの重要な役割を果たす。しかし、支援を行ううえで、子どもと保護者の双方に身近な存在であることが、難しい立場を生み出すことにもなる。具体的には、子どもの最善の利益と、子育て支援の対象となる保護者の利益が相反するときに、保育者のなかで矛盾や葛藤が生じることが考えられる。

　他機関連携が必要な状況において、保育所や保育士のかかえる課題として、亀﨑(2013) は「保護者との関係悪化の懸念や、連携のタイミングの判断が難しい場合に、連携が滞る傾向がある。日々接していると、子どもや保護者の状況が悪化したり、改善したりと刻々と変わるため、子どもの利益を損ねたり、危険度の高さを判断し、連携先への連絡のタイミングを図りかねる場合も多々ある」[*4]と指摘している。

　他機関・多職種連携を円滑に行うには、それぞれの機関でできること、できないことがあることを相互で認識し合いながら、自らの機関にできることを検討して実行に移す姿勢が求められる。連携のタイミングを逃し、役割分担の不明瞭さから支援網に穴をあけることがないよう、まずは、連携先であるほかの援助機関や専門職の専門性・援助範囲・限界を十分に理解しておくことが必要である。

[*4]　亀﨑美沙子「保育相談支援における他機関連携上の困難——虐待ケース・ハイリスクケースに関する他機関「連絡」に着目して」『日本保育学会　第66回大会発表要旨集』p.170, 2013.

第10講　相談援助の方法と技術

参考文献

● 西尾祐吾・清水隆則編『社会福祉実践とアドボカシー——利用者の権利擁護のために』中央法規出版，2000.

● 一般社団法人日本社会福祉士養成校協会監，長谷川匡俊・上野谷加代子ほか編『社会福祉士　相談援助演習　第2版』中央法規出版，2015.

● 一般社団法人日本社会福祉士養成校協会演習教育委員会「相談援助演習のための教育ガイドライン」，2015.

● 土田美世子「保育所によるソーシャルワーク支援の可能性——保育所へのアンケート調査からの考察」『龍谷大学社会学部研究紀要』第37号，2010.

● 武田英樹「地域に求められる保育士によるソーシャルワーク」『近畿大学豊岡短期大学論集』第5号，2008.

● 井上寿美「『保育ソーシャルワーク』における『ソーシャルワーク』のとらえ方に関する一考察——『保育士が行うソーシャルワーク活動』を中心として」『関西福祉大学社会福祉学部研究紀要』第13号，2010.

● 山本佳代子「保育ソーシャルワークに関する研究動向」『山口県立大学学術情報』第6号（社会福祉学部紀要，通巻第19号），2013.

● 伊藤良高ほか「保育現場に親和性のある保育ソーシャルワークの理論と実践モデルに関する一考察」『熊本学園大学論集「総合科学」』，2012.

COLUMN　質問する技術

　ソーシャルワークは「つなぐ技術」といわれる。しかし、「つなぐ」前に、「こころ」がつながっているか、「相手の本当の気持ち」に気がついているかが重要である。2020（令和2）年、誰も予想していなかった新型コロナウイルス感染症の拡大により、全国の保育現場も影響を受け、いまだ収束の見通しが立たない。そんななか、保育現場だけでなく保護者の働く環境も一変し、今までにない環境下での子育てに不安や困りごとをかかえる保護者も増えた。「マスク」と「ソーシャルディスタンス」によって、今まで頼りにしていた非言語的コミュニケーションを通して得られる情報が制限され、真意が伝わりにくい状況になっている。

　相談援助において、相手の真意、不安や困りごとに気がつき、適切に対応していくために、「質問」を工夫することも一策である。

①　ポジティブに考えることをうながしたいときの肯定質問

　「どうしてできないのでしょうか？」「わからないことは何ですか？」と否定的な側面を尋ねると、相手から追及されているような気持ちにさせてしまう。「どうしたらうまくいくのでしょうか？」「わかっていることは何ですか？」と肯定的な側面に着目した質問により、相手の意識や視点が変わる可能性がある。

②　相手の気づきや、考えを深めるための資源を引き出す質問

　例えば、「今までに同じような経験をしたときに、どうやって乗り越えてきましたか？」「うまくできたときは、ふだんと何が違いましたか？」などの質問である。相手の過去の経験や人脈など、自分で培ってきたものも資源になる。

（友川　礼）

第11講

社会福祉における利用者の保護にかかわるしくみ

福祉サービスの提供にあたっては、利用者主体ということがいわれるように、何よりも利用者の利益や権利が守られる必要がある。

本講では、福祉サービスの提供にあたって規定されている利用者保護にかかわる制度に関して、その背景や法的根拠等を学ぶとともに、実際のしくみについて学んでいく。最後に、利用者保護にかかわる制度の今後の充実策や課題についても考えていく。

Step 1

1. 利用者の権利擁護と苦情解決

利用者の保護にかかわるしくみと保育士

　利用者の保護にかかわるしくみのなかで、直接子どもにかかわる制度としては、親権者の死亡などにより親権者が不在となった未成年者を法律的に保護し、支援するための未成年後見制度がある。未成年者が契約等の法律行為を行う場合、法定代理人の同意を得なければならず（民法第5条）、親権者（父や母や養親）がいるときは、親権者が未成年者の法定代理人になるが（同法第818条、第819条）、親権者がいないときや、いても財産の管理権がないときには、それを補ってくれる人物が必要となる（同法第838条〜第841条）。そうしたときに未成年者の法定代理人となるのが、未成年後見人である。この未成年後見人制度と同様に、成人（成年）であっても、判断能力が十分でない高齢者や障害者等の権利侵害を予防し、利用者の意思（自己決定）を尊重しながら、適切なサービスを利用することを可能にするための各種の利用者の保護制度がある。

　保育士においては、子どもの保護者や家族、保護者の周囲に、障害や高齢などの理由で福祉サービスの利用等を必要とする人がいる場合など、その相談援助を行う際に、各種の利用者の保護にかかわるしくみの存在や利用方法等を知っておくことは有益である。また、子どもや保護者が保育サービスに不満や苦情があるときには、適切に対応し、サービスの質の向上や利用者の保護や権利擁護の実現を図ることが不可欠であるといえる。

利用者の保護にかかわるしくみ

　2000（平成12）年に社会福祉法（旧・社会福祉事業法）が改正され、福祉サービスの利用は措置制度から契約制度へと移行した。措置制度では、福祉サービスの利用にあたって利用者の選択や自己決定はみとめられていなかったが、契約制度に移行したことで、利用者を主体とした契約によって多様な福祉サービスのなかからサービスの選択ができるようになり、事業者と対等な関係に基づいたサービスの利用が行えるようになった。

　しかし、契約制度は利用者の主体的な選択を可能にする一方で、選択したサービスに対する自己責任をともなう。先述したように、高齢者や障害者等のなかには、契約等にあたって判断能力が十分でないために支援が必要となる場合がある。具体的には、福祉サービスの利用の際に、不利な契約を結んでしまう、サービスが契約

どおりにきちんと提供されているのかがわからない、利用料の支払いができない、サービスの利用方法がわからなかったり、サービスに不満があったりしてもどこに伝えたらよいかわからないということが考えられる。

　そうしたときに、利用者が不利益を被ることのないように、利用者の権利侵害を予防し、利用者の意思（自己決定）を尊重しながら、適切なサービスを提供することを可能にするための利用者保護制度として、民法に基づく成年後見制度、社会福祉法に基づく日常生活自立支援事業（福祉サービス利用援助事業）、苦情解決制度がある。

利用者の保護にかかわる法制度

　成年後見制度は、明治時代から民法に規定されていた「禁治産・準禁治産制度」を、社会福祉法の改正と併せて2000（平成12）年に全面的に改定したものである。認知症や知的障害、精神障害などにより判断能力が不十分な人に代わってその権利を守るもので、十分な判断能力があるうちに、あらかじめ自ら契約する「任意後見制度」と、判断能力が不十分な場合に法律に基づいて利用できる「法定後見制度」に大別される。

　日常生活自立支援事業は、1999（平成11）年に「地域福祉権利擁護事業」として実施されたもので、2007（平成19）年に「日常生活自立支援事業」に名称変更された。この事業の利用（契約）を通して、利用者本人が地域でできる限り自立した生活を継続していくことを目的としている。この事業は、社会福祉法の規定により、「福祉サービス利用援助事業」（同法第2条第3項第12号）として第2種社会福祉事業に位置づけられている。

　苦情解決制度は、サービス事業者レベルと都道府県レベルの2段階（東京都は、市区町村レベルもあり3段階）で行われるしくみになっている。サービス事業者レベルでのしくみは、社会福祉法第82条に規定されており、利用者等からの苦情を受け付けることにより、サービスの問題点を早期に発見できるとともに、それに適切に対応することで、円満な解決と利用者の満足度の向上、サービス事業者に対する信頼や適正性の確保につながることがめざされている。一方、都道府県レベルのしくみとしては、同法第83条〜第87条に、都道府県社会福祉協議会が設置する運営適正化委員会が行う苦情解決について規定されている。

2. 情報提供と第三者評価

情報提供の意義

　社会福祉法の改正により、サービス事業者との対等な関係に基づき、利用者が主体となってサービスを選択（契約）するようになったことは、すでに述べたとおりであるが、利用者による主体的な選択が可能となるには判断材料が必要になる。福祉サービスに関していえば、サービス事業者が多くのサービスを整備していても、その種類や内容等、特に質にかかわる部分については十分には伝わりにくく、提供している情報も利用者が必要とすることを網羅しているとは限らない。

　また、福祉サービスは日常的に利用するものではなく、利用者は、介護や保育の相談など多様な福祉サービスの利用が必要な状態になってはじめて情報の収集を行うこともあり、どこでどのように情報を得たらよいかがわからなかったりする。提供されている内容についても利用者が理解しやすい内容になっているか、十分な説明がされているかなど、サービス事業者からの積極的な情報提供と説明責任（アカウンタビリティ）も問われる。さらに、適切な情報提供は利用者のサービスに対する理解をうながすとともに、利用者の誤解や思い込み等に基づくトラブルを防止したり、サービス内容の PR にもなるだろう。

　このように、サービスの情報提供やそのあり方は、利用者が福祉サービスを選択・利用するうえでの重要な指標になるほか、情報提供を通してサービス内容が外部に伝わるため、サービスの質の確保・向上にもつながる。

情報提供に関する法的規定

　情報提供については、社会福祉法のなかでさまざまな規定がされている。具体的には、社会福祉事業の経営者に対して、利用者が「適切かつ円滑に」福祉サービスを利用することができるように情報提供に努めること（第75条）、福祉サービス利用の申し込みがあった場合には、契約内容やその履行について説明するよう努めること（第76条）、利用契約成立時の書面（重要事項説明書）の交付（第77条）や、福祉サービスの誇大広告の禁止（第79条）についての規定がある。また、社会福祉法人の経営状況はそのサービス内容に影響を及ぼすとともに、公益性という点からその運営の透明性が求められるといえ、定款の備え置きと閲覧等の規定がされている（第34条の２）ほか、計算書類（貸借対照表、収支計算書等）、現況報告書（役員名簿等）、役員報酬基準等を公表することになっている（第59条の２）。そのほか

にも、備え置きと閲覧の対象となる書類についても規定がされている（第45条の32～第45条の34）。

一方、こうしたサービス事業者への法的な規定のほか、社会福祉法では国・地方公共団体に対しても、利用希望者が福祉サービスの情報を入手しやすいような体制づくりに努めなければならないとしている（第75条第2項）。

サービスの質の向上とサービス評価

利用者が福祉サービスを利用するうえでは、当然のことながら、そのサービスがよりよいものであることが望まれる。しかし、措置制度下においては、行政による細かい指導監督（行政監査）によって一定のサービス水準（最低基準）が保たれてきたという経緯があり、そこでのサービス水準は利用者が求めるサービスの質を保証していたとはいえなかった。

そうしたこともあって、社会福祉法第3条では、福祉サービスの基本的理念として、提供されるサービスは「良質かつ適切なものでなければならない」と、そのサービスの質について言及するとともに、同法第78条第1項では、社会福祉事業の経営者に対して、自らその提供する福祉サービスの評価を行い、常に福祉サービスを受ける者の立場に立ち、福祉サービスの質の向上に向けて努力することを義務づけた。つまり、それぞれのサービス事業者が利用者へのアンケート調査や意見聴取（いけんちょうしゅ）を行うことや、職員会議（カンファレンス）や職員研修等の機会を活用してサービス提供の中身を継続的に振り返りながら問題を発見し、自主的に改善していくことを通して、サービスの質の向上を図ることが求められた。また、同条第2項では、福祉サービスの質の向上のために、国にも福祉サービスの質の「公正かつ適切な評価」を行うよう努めることが求められた。これは、先述のようなサービス事業者による自己評価だけではどうしても主観的な評価になりがちであることから、公平かつ中立な第三者機関による客観的なサービスの質の評価（第三者評価）の実施の必要性を意味している。

なお、こうした自己評価や第三者評価については、その結果をサービスの改善につなげるだけでなく、公表することにより、利用者のサービス選択を行うための貴重な情報として活用されることも意図されている。

○○保育園

Step2

1. 法定成年後見制度

法定成年後見制度の種類と支援内容、利用方法等

　法定成年後見制度のなかで、判断能力が不十分な場合に法律に基づき利用する法定後見制度は、本人の事情に応じて、本人の判断能力が常に不十分な場合に家庭裁判所が後見人を選任する「後見」、本人の判断能力が著しく不十分な場合に家庭裁判所が保佐人を選任する「保佐」、本人の判断能力が不十分な場合に家庭裁判所が補助人を選任する「補助」の３種類に分けられている。

　「後見人」「保佐人」「補助人」は、利用者の自己決定を尊重しつつ、本人に代わって財産管理やさまざまな契約や手続きに関する支援を行う。このように、法定成年後見制度における支援は、本人の法律行為にかかわるものに限られており、食事の世話や介護等は含まれていない。

　この制度の所轄庁は法務省で、その利用手続きは利用者の住所地を管轄する家庭裁判所において、上記の３種類のなかで利用を希望するものについて申し立てを行う。申し立てができるのは、本人、配偶者、四親等内の親族、成年後見人、保佐人、補助人、任意後見人、検察官、市区町村長等に限られている。申し立て後、家庭裁判所からの調査や審問、鑑定を経て、適任と思われる人物が選任され、それに不服がなければ成年後見の登記がなされ、支援が開始される。

2. 日常生活自立支援事業

サービスの種類と支援内容、利用方法等

　日常生活自立支援事業で受けられるサービスには、基本サービスとして、福祉サービスに関する情報提供や利用契約の手続き等を行う「福祉サービスの利用援助」のほか、福祉サービスの利用料や公共料金の支払い、日常生活に必要な預貯金の払戻し・預入れ等を行う「日常的な金銭管理サービス」、年金証書、預金通帳、印鑑、権利証等を預かる「書類等の預かりサービス」がある。

　この制度の所轄庁は厚生労働省であり、実施主体は都道府県・指定都市の社会福祉協議会である。利用にあたっては、利用者や関係者・機関・家族が住所地の社会福祉協議会に相談し、申し込むことになる。その後「専門員」が利用者の自宅等へ訪問調査を行い、利用者の意思を確認しつつ支援計画を策定し、契約を結ぶ。その

後は、利用者の実態把握や本事業の対象者であることの確認業務を行い、その支援計画に基づき、「生活支援員」が実際に支援を行うことになる。

3. 苦情解決制度

サービス提供者における苦情解決

　苦情解決にあたっては、苦情解決責任者・苦情受付担当者のほか、苦情解決に社会性や客観性を保ち、利用者の立場や特性に配慮した適切な対応を推進するために第三者委員を設置することになっている（**図表11-1**）。

　苦情解決の手順としては、①利用者への周知→②苦情の受付→③苦情受付の報告・確認→④苦情解決に向けての話し合い→⑤苦情解決の記録・報告→⑥解決結果の公表、が標準として提示されている。

　なお、児童福祉施設に関しては、児童福祉施設の設備及び運営に関する基準の第14条の3において、入所児童とその保護者等からの苦情に対する迅速かつ適切な対応等について規定されているほか、保育所保育指針のなかでも保護者の苦情などへの解決努力が規定されている（「第1章　総則」「1　保育所保育に関する基本原則」「（5）　保育所の社会的責任」）。

図表11-1　苦情解決の体制

	苦情解決責任者	苦情受付担当者	第三者委員
役割	苦情解決の総括責任	利用者からの苦情の受付、苦情内容・利用者の意向等の確認と記録、受け付けた苦情とその改善状況等の苦情解決責任者・第三者委員への報告	苦情受付担当者からの苦情内容の報告聴取、苦情申出人への通知、苦情の直接受付、苦情申出人とサービス提供事業者への助言、話し合い時の立ち会い・助言、苦情の改善状況等の報告聴取、日常的な状況把握・意見傾聴
適任者	施設長や理事等	サービス提供事業者の職員	評議員、監事または監査役、社会福祉士、民生委員・児童委員、大学教授、弁護士など

出典：「社会福祉事業の経営者による福祉サービスに関する苦情解決の仕組みの指針について」（平成12年6月7日障第452号・社援第1352号・老発第514号・児発第575号）より作成。

都道府県社会福祉協議会における苦情解決

サービス提供に関する苦情は、サービス提供者において解決が図られることが望ましいが、サービス提供者に申し出にくかったり、申し出たとしても円満な解決には至らない場合がある。そのため利用者は、都道府県社会福祉協議会が設置する運営適正化委員会に直接申し出ることができるようになっている。

4. 情報提供と情報公開

児童福祉分野での情報提供

児童福祉分野での情報提供は、1997（平成9）年の児童福祉法改正時に、保育所の入所のしくみが措置（そち）から「選択利用」方式に移行したことにともなって、選択に必要な情報提供を行うことが市町村に義務化されたことに始まる。さらに児童福祉法では、市町村は、保育所を含む子育て支援事業に関し必要な情報の収集および提供を行うとともに、保護者から求めがあったときは、保護者の希望、児童の養育の状況や児童に必要な支援の内容等を配慮しつつ、保護者が最も適切な子育て支援事業を利用できるよう相談・助言を行うかたちで情報提供を行うこととされている（第21条の11第1項・第2項）。一方で、子育て支援事業者にもそのための協力が課せられている（同条第4項）。

子ども・子育て支援新制度での情報公開

2012（平成24）年8月、一人ひとりの子どもが健やかに成長できる社会をめざして、子ども・子育て支援法と関連する2つの法律が成立した。これらの「子ども・子育て関連3法」に基づく子ども・子育て支援新制度（以下、新制度）では、幼児期の教育・保育の総合的な提供や地域での子育て支援の充実、待機児童対策の推進をめざしており、情報公開についても規定されている。具体的には、施設・事業の透明性を高め、教育・保育の質の向上をうながしていくため、保育等の提供者に対して、教育・保育の提供を開始する際などにおいては、提供する教育や保育にかかる情報を都道府県知事に報告することが義務づけられた（子ども・子育て支援法第58条第1項）。一方で、その報告を受けた都道府県は、報告された内容を公表しなければならないとされた（同条第2項）。

なお、新制度では、児童福祉法によって保育所に課されている自発的な情報提供

に関する努力義務は現行どおりとした一方で、新制度で提供される教育・保育の情報は、先述のように法に基づいて義務的に 公 にする公表制度としたことからも、新制度では教育・保育に関する情報の公表がより重視されていることがわかる。

5. 第三者評価事業

保育所でのサービスの質の向上と第三者評価事業

　保育所での保育の質の向上に関しては、1997（平成9）年の児童福祉法改正以降、当事者以外の公正・中立な第三者機関による専門的かつ客観的な立場からの評価が重要であるとのことから、第三者評価の体制整備が進んできている。2002（平成14）年に児童福祉施設における第三者評価事業の指針について通知されたことにはじまり、2005（平成17）年には保育所版の福祉サービス第三者評価基準のガイドライン（以下、保育所版のガイドライン）が通知された。その後、2015（平成27）年度施行の子ども・子育て支援新制度では、保育所等での第三者評価の受審に関する努力義務が規定され、2016（平成28）年に、保育所版のガイドラインも改定された。

　一方、保育所を含む福祉サービス全般にわたる第三者評価事業に関して、2018（平成30）年に「『福祉サービス第三者評価事業に関する指針について』の一部改正について」（通知）により指針が改正され、同年に新しい保育所保育指針も適用された。これらの改正をふまえ、保育所等の受審の促進のために、保育所版のガイドラインも2020（令和2）年に改定された。そこでは、保育所での評価が円滑に実施されるように、評価基準の各項目内容が保育所にあった言葉に置き換えられたほか、評価の着眼点、評価基準の考え方と評価の留意点に関する解説の追加等が行われた。

社会的養護関係施設での第三者評価事業

　社会的養護関係施設は、子どもが施設を選ぶしくみでない措置制度等であり、施設長による親権代行等の規定もあるほか、被 虐 待児が増加し、施設運営の質の向上が必要であることから、2012（平成24）年に利用者評価の実施とともに、自己評価（毎年度）と第三者評価（3年に1回以上）が義務づけられた。第三者評価の結果については、全国推進組織（全国社会福祉協議会）が評価機関からの報告を受けて公表することとなった。

Step3

福祉専門職としての保育士と権利擁護

　社会福祉制度の改革が進み、福祉サービスの供給体制が多様化する一方、子ども・子育て支援新制度の推進に基づいて、幼児期の教育と保育の総合的な提供が求められるなど、保育士に求められる機能や役割も多様化してきている。そうしたなかで、保育を担う福祉専門職としての責務を保育士が果たしていくうえでは、専門的な知識と技術の習得が不可欠であるが、それとともに、代弁（アドボカシー）を通した権利擁護の機能の遂行がますます重要になってくるといえる。

　特に、今日の子どもを取り巻く環境をみてみると、児童虐待の相談対応件数の増加、格差社会の進展による子どもの貧困問題など、深刻な問題が多様化・顕在化してきている。そのような困難な状況におかれている子どもたちが、自ら救いを求める声をあげることができるとは限らない。同様に、子育てをしている保護者においても、多様で複雑な問題やニーズをかかえていることが多い。

　保育士には、そうした子どもや保護者がかかえる問題やニーズを代弁して支援をしていくことや、個別の支援にとどまらず、地域や社会全体に視野を向けて、社会環境の改善や制度・政策の充実に向けたはたらきかけ（ソーシャルアクション）を通した権利擁護の実践が求められる。そうしたことからも、今日、保育士にも福祉専門職としての多様なソーシャルワークの実践が求められてきているということがわかる。

相談援助としての苦情解決

　福祉サービスの提供に関する苦情については、すでにみてきたように、サービス提供者レベルと都道府県レベルで対応が行われる体制が整ってきている。しかし、サービスを受けている利用者が福祉サービスに対して苦情を申し出るには心理的なハードルが高かったり、子どもの場合は、なおさら苦情を言語化することが難しかったりする。また、苦情とまではいえないとしても、サービスに対する要望や相談、意見、質問等として言いたいこともあるだろう。

　このように、子どもも含めて利用者が苦情を申し出にくい状況にあるとともに、苦情として受け付ける範囲があいまいな部分がある。だが、そもそも苦情解決は利用者の適正なサービス利用を確保するとともに、サービスへの満足感を高めること、さらには苦情対応を通してサービス提供者がサービスの質を向上させることを

目的にしていると考えると、どのような内容についても相談援助の視点や姿勢をもって対応することが求められる。それによって、利用者は苦情等を申し出やすくなり、サービス提供者はその苦情相談への適切な対応を図ることを通して、サービスの質の改善や向上につなげることができる。「苦情は宝の山」といわれるように、プラスにとらえて改善していくことが望まれる。

2. 情報提供と第三者評価の課題

　保育所の待機児童の問題が社会問題として取り上げられる一方で、民間企業等の保育サービスの分野への参入が著しくなってきている。また、子ども・子育て支援新制度の展開で、幼稚園、保育所に加えて認定こども園等の普及もますます図られている。このように、教育・保育に関するサービスが多様に提供されるようになるなかで、利用者がより適切なサービスを選択・利用するためには、今まで以上に情報提供や情報公開のあり方が問われてくることが予測できる。

　特に、保育の質に関する部分は、外からは十分に把握しきれない側面があるといえる。そのため情報提供においては、施設の設備、定員、職員の状況、開所時間といった基本情報や、施設の運営方針、利用手続き、利用料等の運営上の情報とともに、保育の質に直結する保育内容等に関する保育士等（個人）の自己評価や、保育所（組織）の自己評価の内容を公にしていくことが非常に重要となる。その重要性に鑑み、2020（令和2）年には「保育所における自己評価ガイドライン」が改定され、保育所保育指針に基づく「保育内容の評価」についての基本的な考え方や実施方法とその特徴、自己評価の結果の公表等について示された。

　自己評価に加え、中立・公平な第三者評価機関による第三者評価の結果の公表は、利用者が適切なサービスを選択する際の判断材料となる。福祉サービスの利用者が増加の一途をたどっているなかで、その質の向上はよりいっそう重要になるだろう。しかし、現状では第三者評価の受審は社会的養護関係施設を除くと法律上は義務ではなく任意となっていることもあり、保育所の受審率は依然として低い。この背景には、保育所の数に対して評価機関数が少ないことも影響しているといえるが、さらなる受審の促進が今後の課題である。

　一朝一夕には進まないかもしれないが、そうした地道な取り組みが、子どもと保護者が安心して利用できる保育サービスのさらなる発展や充実、質の向上につながっていくだろう。

参考文献

● 田山輝明監『福祉事業者における苦情解決の手引』東京都社会福祉協議会，2008.

● 全国社会福祉協議会編『保育の評価のすすめ──福祉サービス第三者評価基準ガイドライン（保育所版）の更新を踏まえて』全国社会福祉協議会，2011.

● 柏女霊峰監，全国保育士会編『改訂 2 版 全国保育士会倫理綱領ガイドブック』全国社会福祉協議会，2018.

●「社会福祉事業の経営者による福祉サービスに関する苦情解決の仕組みの指針について」（平成12年 6 月 7 日障第452号・社援第1352号・老発第514号・児発第575号）

COLUMN　保育所における苦情対応

　保育所には、利用規則などの制度についての苦情や事故対応に関する苦情など、さまざまな苦情が申し立てられるが、なかでも保育所で提供されるサービスは対人サービスであることから、子どもや保護者に対する保育士のかかわり方や、接遇・応対、コミュニケーションのあり方など、対人場面においての苦情が目立つ。

　苦情を受けることは、だれにとっても嬉しいことではないが、「苦情は宝の山」といわれるように、苦情から気づくことや学ぶことも多い。保育士が「当たり前」として行っていたことや「よかれと思って」行ったことでも、保護者にとっては不満や不本意であったりする。しかし、苦情は保育所が気づきにくいことの指摘になっていることも多い。その意味では、苦情が出ることが問題という以上に、苦情をどのようにサービス改善につなげるかということがより重要といえる。

　また、同じような接遇・応対や事故対応でも、それが苦情になる場合とならない場合とがある。そうした背景には、日ごろから保護者等と信頼関係が築けているかどうかが影響していることが多々ある。その意味では、保育所（保育士）と保護者との日常的な信頼関係づくりが何よりの苦情対応（予防）となる。

　近年、保育士には相談援助の視点やスキルが求められてきているが、苦情対応においても、それらはより重要になってくるといえる。

（北本佳子）

第12講

少子高齢化社会における
子育て支援

今日、少子高齢化問題は重大な課題である。特に少子化は、労働力の減少をもたらすため、社会保障制度の財源確保の困難や経済活力の減退を招く。そこで政府は、その解決・緩和_{かんわ}のために少子化対策に力を入れているが、そのなかで保育所は大きな役割を担ってきた。

　本講では、少子化の現状を確認したうえで、これまでの少子化対策の展開と、少子化対策における保育所の役割について学ぶ。

Step 1

1. 人口動態と少子化の現状

人口動態

　日本の総人口は、戦後、増加し続けてきた。総務省の「国勢調査」および「人口推計」によると、終戦直後の1945（昭和20）年の日本の総人口は約7200万人であったが、その後、1967（昭和42）年にはじめて１億人を超え、2008（平成20）年には約１億2808万人にまで増加した。しかし、この2008（平成20）年が人口増加のピークとなり、その後は人口減少に転じ、今後、人口は減少し続けていくと予測されている。

　人口の増減は、出生数、死亡数、ならびに人口移動（移入、移出）が多いか少ないかによって決定される。人口移動がないとすると、長期的な人口の増減は、出生と死亡の水準で決まることになる。医療技術の進歩などの影響を受け、死亡の水準はある程度安定していることから、現在の人口減少の状況は、出生数の減少が大きく影響しているといえる。

　出生数の減少の一方、急速に進展した高齢化も、日本の人口構造の特徴の１つである。2021（令和３）年の日本の平均寿命は男性で81.47歳、女性で87.57歳となっており、世界でもトップクラスの長寿国であることはよく知られている。人口構造を年齢別にみてみると、老年人口（65歳以上）は増加し、生産年齢人口（15〜64歳）と年少人口（０〜14歳）の占める割合は減少してきている（**図表12-1**）。

少子化の動向

　「少子化」が一般的な用語となって久しいが、前項で述べた出生数の減少を指して少子化というのではない。少子化とは、合計特殊出生率（以下、出生率）が人口置換水準を長期間下回り低迷する状態のことをいう。出生率とは、簡単にいうと１人の女性が生涯に何人子どもを出産するかということを指す。そして人口置

	1950年	1960年	1970年	1980年	1990年	2000年	2010年	2020年
年少人口（０〜14歳）	35.4	30.2	24.0	23.5	18.2	14.6	13.2	11.9
生産年齢人口（15〜64歳）	59.7	64.1	68.9	67.4	69.7	68.1	63.8	59.5
老年人口（65歳以上）	4.9	5.7	7.1	9.1	12.1	17.4	23.0	28.6

図表12-1 年齢別にみた人口構造の変化

（単位：%）

資料：総務省統計局「令和２年国勢調査 人口等基本集計結果 結果の概要」p.20より作成。

換水準とは、ある死亡の水準のもとで、人口が長期的に増えも減りもせずに一定となる出生の水準（日本ではおおむね2.07）を指す。人口置換水準を出生率が下回った状況、つまり少子化の状況が継続すれば、人口は減少していくのである。

　実は、少子化の状況が日本でみられるようになったのはここ数年ではない。日本の出生率の推移をみてみよう（**図表12-2**）。終戦直後の第１次ベビーブームの後、1950（昭和25）年ごろから出生率は長い間下がり続け、1970年代半ばからは人口置換水準を下回るようになり、その後も徐々に低下してきた。

　1989（平成元）年には、「ひのえうま」という特殊要因により過去最低であった1966（昭和41）年に記録した1.58を下回り、最低値となった。この数値は1990（平成２）年に明らかとなり、これは「1.57ショック」と呼ばれている。これを契機に、政府は少子化を社会問題として認識し対策を展開してきたが、さらに出生率は低下し続け、2005（平成17）年には1.26の最低値を記録した。

　その後微増し、2015（平成27）年に出生率は1.45となったが、それ以降は再び減少傾向をみせ、2021（令和３）年には1.30となっている。

2. 少子化の要因

　少子化の要因を明らかにするために、これまで数多くの研究が行われてきた。そ

図表12-2　出生数・合計特殊出生率の推移

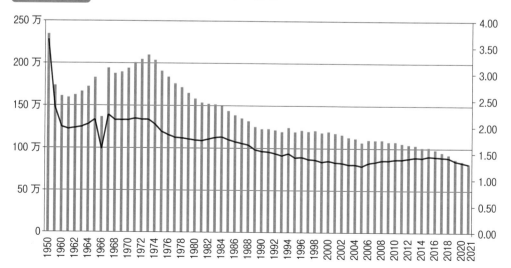

資料：厚生労働省「令和３年（2021）人口動態統計（確定数）」2022.

れらの研究からまとめられる少子化の要因には、次の２つがある。

未婚化・晩婚化の進行

　日本における出生率を低下させる第１の要因として、未婚化と晩婚化の進行があげられる。日本では結婚と出産が密接に関係しており、婚外子（こんがいし）は非常に少ないという現状からすると、結婚しない人や結婚できない人といった未婚者の割合が増えると出生率が低下することになる。また、初婚年齢が遅くなる晩婚化は、出産可能な期間を短くしたり、出産への身体的・精神的負担を大きくしたりするなど、出生率に影響を与えることになる。

　まず、未婚化の状況についてみてみよう。この数十年間、婚姻件数は継続的に減少している。この婚姻件数の低下と連動して、未婚割合は増加傾向にある。『令和４年度　男女共同参画白書』によると、30歳時点の未婚割合について、女性は11.3％（1980（昭和55）年）から40.5％（2020（令和２）年）へ、男性は31.1％（1980（昭和55）年）から50.4％（2020（令和２）年）にそれぞれ増加している。50歳時の未婚割合についても1980（昭和55）年時点（女性4.45％、男性2.60％）から増加し続け、2020（令和２）年の50歳時の未婚割合は、女性は17.81％であり、50歳の女性の約６人に１人は結婚経験がなく、男性は28.25％であり、50歳の男性の約４人に１人は結婚経験がないと示されている。

　次に、晩婚化についてみると、平均初婚年齢が1970（昭和45）年には、男性では26.9歳、女性は24.2歳であったが、その後上昇し続け、2000（平成12）年には、男性28.8歳、女性27.0歳、さらに2021（令和３）年には、男性30.7歳、女性29.1歳となっている。

　以上のように、男女ともに年々、未婚化・晩婚化が進行しているが、国立社会保障・人口問題研究所が2021（令和３）年に実施した「第16回出生動向基本調査（結婚と出産に関する全国調査）」をみてみると、未婚者（18〜34歳）の男性の81.4％、女性の84.3％が、いずれは結婚したいと答えている。また、未婚者（18〜34歳）に独身でいる理由を尋ねると、男女ともに「適当な相手にめぐり会わない」「まだ必要性を感じない」「今は、仕事（または学業）にうちこみたい」など、結婚の条件が整わない、結婚しない理由が多くあげられている。

　また、同調査における未婚者の就業状況別の１年以内の結婚意思をみてみると、男性では正規の職員、自営業主・家族従業者・内職、派遣・嘱託・契約社員の６割前後が結婚意思を示した一方で、パート・アルバイトでは37.6％、無職・家事では25.3％と少ない。女性では、就業状況による違いは男性ほど顕著ではなく、正規

の職員、パート・アルバイト、自営業主・家族従業者・内職のいずれにおいても、約3分の2が結婚意思を示している。なお、無職・家事の女性の場合には47.2%となっている。これらから、働き方とそれにともなう収入の状況が、結婚の意思に影響を及ぼす可能性があると考えられる。

既婚夫婦の出生児数の低下

　日本における出生率を低下させる第2の要因として、既婚夫婦の出生児数の低下があげられる。結婚したとしても夫婦の間に子どもがいない、あるいは子どもが1人といった世帯の増加は、出生率に影響を与えている。

　国立社会保障・人口問題研究所が実施した「第16回出生動向基本調査（結婚と出産に関する全国調査）」によると、夫婦の完結出生児数（結婚からの経過期間15〜19年の夫婦の平均出生子ども数）は低下傾向にある。1972（昭和47）年に行った調査から2002（平成14）年の調査までは2.20人程度の水準で安定していたが、2005（平成17）年に2.09人、2010（平成22）年に1.96人、2015（平成27）年に1.94人、2021（令和3）年には1.90人へと低下し続けている。一方、同調査で夫婦に尋ねた理想的な子どもの数（平均理想子ども数）については2.25人であり、平均予定子ども数は2.01人となっている。つまり、理想とする子どもの数は2人以上であるにもかかわらず、実際に産む子どもの数はそれよりも少なくなっているのである。

　理想とする子どもの数を下回る最も大きな理由には「子育てや教育にお金がかかりすぎるから」があげられ、全体の5割以上を占めている。子どもを産み育てていくうえでの経済的負担が、既婚夫婦の出生児数の低下に決定的な影響を与えている状況である。子育てや教育に過度な経済的負担がかからない社会構造への転換、雇用・収入の安定が図られなければ、子どもを安心して産み育てることは難しいだろう。

　また、30歳以上の年齢層では、「高年齢で生むのはいやだから」や「ほしいけれどもできないから」といった年齢・身体的理由の割合が増加している。医学的にも、30歳半ばごろから年齢が上がるにつれ、出産におけるさまざまなリスクが相対的に高くなるとともに、出産に至る確率が低くなっていくことが指摘されている。

Step2

　前項でみた日本の少子化の現状と要因をふまえ、ここでは、1990（平成2）年の「1.57ショック」を契機に取り組まれることとなった主な少子化対策の展開と、その内容や特徴について簡単に確認しよう。

エンゼルプラン

　「1.57ショック」以降、数年間の検討をふまえ、1994（平成6）年にはじめての具体的な対策として、「今後の子育て支援のための施策の基本的方向について」が打ち出された。「エンゼルプラン」と呼ばれたものである。同プランの作成にあたっては、少子化の主な原因として、仕事と出産・子育てが二者択一となり、女性が子どもを産み育てることによって失われる利益（機会費用）が大きいために、出産を控える状況にあると判断した。そこで同プランでは、仕事をしながら出産・子育てができるよう、仕事と家庭の両立支援を重点目標とした。

　このエンゼルプラン実施のため、「緊急保育対策等5か年事業」が策定され、まず保育サービスの拡大が行われた。この仕事と家庭の両立支援が、それ以降の少子化対策の核心的な軸となっていく。両立支援の一環として、育児休業制度の普及が積極的に行われはじめたのもこの時期以降である。

新エンゼルプラン

　1999（平成11）年には「少子化対策推進基本方針」が策定され、この方針に基づく重点政策の具体的な実施計画として、「新エンゼルプラン」と呼ばれた「重点的に推進すべき少子化対策の具体的実施計画について」（平成12年度～平成16年度）が発表された。同プランは基本的に「エンゼルプラン」や「緊急保育対策等5か年事業」の内容を見直したもので、最終年度に達成すべき目標値の項目に、保育関係だけでなく、雇用、母子保健、相談、教育等の事業も加えた幅広い内容となった。

次世代育成支援対策推進法

　2000年代に入り出生率がますます低下していくなか、2003（平成15）年に、次世代を担う子どもを育成する家庭を社会全体で支援する観点から、次世代育成支援対策推進法が制定された。これは、地方公共団体および企業において、仕事と家庭の両立支援のために必要な措置を集中的・計画的に実施していくことを目的としたものである。ここにきて、家庭内の環境だけでなく職場環境をも考慮に入れた幅広

い視点からの少子化対策が積極的に取り組まれるようになった。

　この法律は、2005（平成17）年4月から2015（平成27）年3月までの時限立法であったが、さらなる充実を図るため、10年間延長された。

少子化社会対策基本法、少子化社会対策大綱、子ども・子育て応援プラン

　少子化社会において講じられる施策の基本理念を示した少子化社会対策基本法が2003（平成15）年に制定され、これに基づき「少子化社会対策大綱」が閣議決定された。この大綱では、子どもが健康に育つ社会、子どもを生み、育てることに喜びを感じることのできる社会への転換を喫緊の課題とし、子育て家庭が安心と喜びをもって子育てにあたることができるよう社会全体で応援するとの基本的考えに立って、少子化の流れを変えるための施策に国をあげて取り組むとした。その具体的な実施計画として「少子化社会対策大綱に基づく重点施策の具体的実施計画について」（子ども・子育て応援プラン）（平成17年度～平成21年度）が発表された。

新しい少子化対策について

　先述のような少子化対策が講じられてきたものの、2005（平成17）年には、出生率が1.26と過去最低値を記録した。当時行われた各種の意識調査から、特に専業主婦の子育てへの不安の大きさ、子育て家庭の孤立や負担感の増加、その背後にある家族・親族や地域社会における子育て機能の低下などが明らかになった。そこで政府は、2006（平成18）年に「新しい少子化対策について」を決定し、政策転換を図ることとした。そこでは、家族・地域のきずなの再生や社会全体の意識改革を図るための国民運動の推進とともに、親が働いているかいないかにかかわらず、すべての子育て家庭を支援するという視点を取り入れた。また、子どもの成長段階に応じて家族や地域の子育てを総合的に支援するさまざまな政策が提案された。

「子どもと家族を応援する日本」重点戦略

　2007（平成19）年には、「『子どもと家族を応援する日本』重点戦略」が取りまとめられた。そこでは、女性が就労と出産・子育ての二者択一を迫られないこと、そして働く意欲をもつすべての人の労働市場参加を実現しつつ、希望する結婚・出産・子育てを可能とするために、「仕事と生活の調和（ワーク・ライフ・バランス）の実現」と「包括的な次世代育成支援の枠組みの構築」（「親の就労と子どもの育成の両立」と「家庭における子育て」を包括的に支援する仕組み）の2つの柱を掲げた。この2つの柱を「車の両輪」として必要不可欠なものと位置づけた。

これをふまえ、2008（平成20）年に保育所等の待機児童解消をはじめとする保育施策を質・量ともに充実・強化するための「新待機児童ゼロ作戦」が発表された。

子ども・子育てビジョン

　2010（平成22）年には、「子どもが主人公（チルドレン・ファースト）」という基本的な考えのもと、それまでの「少子化対策」から「子ども・子育て支援」への政策理念の転換と、社会全体による子ども・子育て支援を政策目標とした「子ども・子育てビジョン」が策定された。同ビジョンでは、子ども手当の新設や高校授業料無償化の推進といった新しい政策が打ち出された。また、これまでのワーク・ライフ・バランスの実現に向けた保育サービスの拡充や働き方の見直しに加え、若年層の自立をめざした就労支援が重点政策としてあげられた。

最近の動向

　平成25年度〜平成29年度に「待機児童解消加速化プラン」を、平成30年度〜令和2年度には「子育て安心プラン」を、さらに令和3年度〜令和6年度には「新子育て安心プラン」を出し、それらを通じて、待機児童解消と女性の仕事と子育ての両立をめざし、保育の受け皿の整備を推進している。

　また、2018（平成30）年6月には「少子化克服戦略会議提言」が出され、そこでは社会全体で子どもを育てるという考え方に立ち、①子育ての支え手の輪を広げる、②「子育てに寄り添うまちづくり」を応援する、③子育て世帯をやさしく包む社会づくり、④結婚、妊娠、出産段階から切れ目なく支援する、という方針が示された。

　2019（令和元）年10月には、3〜5歳までの幼稚園、保育所、認定こども園などの利用料が無償化された。

　そして、2020（令和2）年5月には、第4次となる「少子化社会対策大綱」が閣議決定された。そこでは、「希望出生率1.8」の実現をめざし、①結婚・子育て世代が将来にわたる展望を描ける環境をつくる、②多様化する子育て家庭のさまざまなニーズに応える、③地域の実情に応じたきめ細かな取り組みを進める、④結婚、妊娠・出産、子ども・子育てに温かい社会をつくる、⑤科学技術の成果など新たなリソースを積極的に活用する、の5つを基本的な考え方とし、当事者目線での少子化対策を進めていく方針を打ち出した。重点課題が数多く示されているが、そのなかには、保育の受け皿の拡充や保育人材の確保、保育の無償化の確実な実施、AI（人工知能）を用いた保育現場における業務効率化、地域の実情に応じた多様できめ細

やかな保育の拡充などがあげられている。本大綱は、施策の進捗状況とその効果、社会情勢の変化等をふまえて、おおむね5年後をめどに見直しを行うこととなっている。

2. 少子化対策と保育所の役割拡大

以上、少子化対策の流れをみてみると、働く女性の仕事と家庭の両立を目的とした環境の整備とともに、子育ての孤立や不安解消などをめざした子育て支援が展開されてきたことがわかる。

保育所はそれを支える資源として重要な役割を担うこととなった。少子化対策のスタートといえるエンゼルプランの施策を具体化するために「緊急保育対策等5か年事業」が策定された。その内容は、①低年齢児（0～2歳児）保育の促進、②延長保育・一時保育・放課後児童クラブなどの多様な保育サービスの促進、③保育所の多機能化のための整備、④保育料の軽減、⑤子育てを地域ぐるみで支援する体制の整備、⑥母子保健医療体制の充実であった。

少子化対策において、保育サービスの量的な整備とともに、保育所での保育サービスの提供のあり方の多様化や機能の拡大がみられたことに着目したい。家族のあり方や女性の働き方の多様化等により生ずるニーズに対応できる保育システムの多様化・柔軟化が求められ、また、核家族化の進行により育児に孤立感や不安感を抱くことがないよう、子育てを地域ぐるみで支援する場としての機能も保育所に期待されることとなった。

そもそも保育所は、両親ともに就労が必要な生活に困窮する家庭の乳幼児を保育するための託児所として民間を中心にスタートし、その後、母親の労働力確保・労働支援を通じた社会保全、貧困家庭の乳幼児の教育の保障・労働者の生活保障と生活向上を目的として展開されていった。保育所で提供される保育とは、「保育を必要とする」親に対する間接的な就労支援サービスと、子どもに対する養護と教育であったのである。

ところが、少子化が社会問題となり、少子化対策の展開のなかで保育所に大きく以下の2点の変化がもたらされた。1つは本来の保育所が担っていた就労支援機能の拡充ともいえる保育所の量的拡大と、延長保育や一時保育、夜間保育など従来の保育機能の拡充である。もう1つは、地域の子育て家庭に対する支援を行う拠点としての役割が加えられたことである。

Step3

1. 少子化対策の課題と保育

　1990年代以降の少子化対策の展開のなかで、保育所は、仕事と子育てを両立できる環境づくりや子育て支援のための役割を担うことが期待され、量的・質的拡大を図ってきた。そのなかで、保育の専門職である保育士に期待される役割も増え、保育人材の確保が重要な課題となっている。そのために、2022（令和4）年2月から保育士や幼稚園教諭等の収入を3％程度（月額9000円）引き上げる処遇改善臨時特例事業を実施するほか、新規の資格取得支援が展開されている。保育にかかわる専門職がそれぞれの専門性を発揮しつつ連携を図ることができるしくみの整備、研修等の充実、労働環境の改善等が今後の課題といえる。

　また、保育の質の担保も課題であろう。2015（平成27）年4月からの子ども・子育て支援新制度の実施により、保育供給方式が大きく変化し、大きく2つの類型に区分されることとなった。1つ目は施設型給付であり、保育所、幼稚園、認定こども園が該当する。2つ目は地域型保育給付で、家庭的保育、小規模保育、事業所内保育、居宅訪問型保育の4事業が該当する。事業の詳細については割愛するが、このような保育供給方式が整備され、それまでばらばらに行われていた財政支援が共通化されるとともに、保育所等の施設だけではない保育サービスの担い手がみとめられ、子育て世代が多様な保育を選択することができるようになったという意味は大きい。ただし、地域型保育給付については、認可保育所に比べ資格者の配置等の基準が低くなっているものがあり、保育の質に格差が生じることが懸念される。地域の特性に合わせた規模や設置条件などを考慮しつつ、より質の高い保育を子どもに行っていくことがおろそかにならないよう、保育の質の担保を図っていくことも課題である。

　なお、少子化対策は継続されてきたにもかかわらず、出生率が上がらないことにみるように、少子化対策は期待した成果をいまだ得られていないといえる。仕事と子育てが両立できる環境づくりや子育て支援は必要であり意義はある。しかし、それだけでは少子化対策としては不十分であることが示されている。少子化の原因は、未婚化・晩婚化、そして既婚夫婦の出生児数の低下であり、その背景には、結婚や子育て・教育にかかる費用などの経済的な問題が存在する。そうであるならば、若年層が費用を気にすることなく結婚し、子どもを産み育てることができる環境整備が必要であろう。そのためには、より手厚い児童手当支給などの現金給付に関する政策の検討も課題であるといえる。

2. 少子高齢化社会における保育所への期待

　現代の少子高齢化や核家族化および地域コミュニティの希薄化は、各世代間のかかわりを弱めた。子育てに関する不安や悩みをかかえている親世代と子育て経験者である祖父母世代（シニア世代）が交流する機会が減少し、子育てに関するアドバイスをもらうことや、実際に協力を得ることが少なくなった。インターネットや雑誌などで育児に関する情報を探すことはできるものの、親や子どもに多様な個性があるように、子育てのスタイルや価値観も家族によって異なる。

　また、子どもたちもほかの世代とかかわる機会が少なくなった。このような関係性の希薄化は、都市部だけでなく地方においてもみられる。

　そのような状況をふまえ、2021（令和3）年12月に「地域における保育所・保育士等の在り方に関する検討会　取りまとめ」が発表された。取りまとめでは、上記のような子育て環境のなかで、保育所を地域社会のために欠かせない社会インフラとしてどのように維持していくのかが大きな課題であるとの認識のもと、保育所が、在園児以外の地域の子育て家庭への支援や多様な保育ニーズへの対応などを担うことで子育て支援機関との連携を図り、地域の子育て家庭を支える中核的機関となることが期待されている。また、ほかの世代とのかかわりをもつことが難しくなった状況は、子どもがシニア世代などの他世代から生活にかかわる知識を学んだり経験したりする機会が減っているということでもある。このようにみると、さまざまな世代が孤立してしまう可能性のある状況であるといえる。

　このような状況に対し、保育所に期待されているのが多世代交流の場としての機能である。現在、各自治体や民間団体独自による保育所における世代間交流の実践は増えている。また、保育所と高齢者施設を併設するケースも増えつつある。保育所が、子ども、親、シニア世代、さらには実習生やボランティアなどの若者世代といった多世代が交流し、つながることを可能とする場となってきているのである。そして、保育所が多世代交流の拠点としての機能をもつことで、これまでとは異なる新たな「地域コミュニティ」の形成が期待される。保育所を拠点に交流し、つながりをもつことを通じて、各世代がサービス利用者という立場だけでなく地域社会の一員として貢献する立場にもなりうるからである。

　少子高齢化は、経済成長や社会保障にとって不安をもたらす要因となっている。少子高齢化社会において、保育所は、従来の就労支援や保育という役割に加え、子育て支援や地域における多世代交流の拠点となり地域コミュニティを創生するという新しい役割が期待されており、ますます重要な存在になるだろう。

参考文献

● 甲斐弘美・青野篤子「多世代交流の子育て支援」福山大学人間文化学部心理学科附属こころの健康相談室編『福山大学こころの健康相談室紀要』第 8 号，2014.

● 国立社会保障・人口問題研究所「第16回出生動向基本調査（結婚と出産に関する全国調査）結果の概要」2022.

● 草野篤子・柿沼幸雄ほか編著『世代間交流学の創造——無縁社会から多世代間交流型社会実現のために』あけび書房，2010.

● 近藤幹生『保育とは何か』岩波書店，2014.

● 厚生労働省編『令和 3 年版 厚生労働白書』2021.

● 厚生労働省「地域における保育所・保育士等の在り方に関する検討会 取りまとめ」2021.

● 厚生労働省「令和 3 年（2021）人口動態統計（確定数）の概況」2022.

● 全国保育団体連絡会・保育研究所編『保育白書 2021年版』ちいさいなかま社，2021.

● 総務省統計局「令和 2 年国勢調査 人口等基本集計結果 結果の概要」2021.

● 土田美世子「保育所機能の歴史的変遷と子育て支援保育」『京都光華女子大学研究紀要』第43号，2005.

● 土田美世子「地域子育て拠点施設としての保育所の機能と可能性——保育所ソーシャルワーク支援からの考察」『龍谷大学社会学部紀要』第39号，2011.

● 内閣府「少子化社会対策大綱〜新しい令和の時代にふさわしい少子化対策へ〜」2020.

● 内閣府男女共同参画局編『令和 4 年版 男女共同参画白書』2022.

● 内閣府編『令和 4 年版 少子化社会対策白書』2022.

● 福島忍「少子高齢社会に向けた子ども—高齢者の世代間交流の促進に関する市町村の取り組み——長野県における保育園の中高年・高齢者保育サポーター事業の展開」『長野大学紀要』第27巻第 2 号，2005.

● 増田雅暢『これでいいのか少子化対策——政策過程からみる今後の課題』ミネルヴァ書房，2008.

● 松田茂樹『少子化論——なぜまだ結婚，出産しやすい国にならないのか』勁草書房，2013.

第13講

共生社会の実現と障害者施策

今日、障害のある人もない人も、それぞれの個性と能力を活かしながら生活できる共生社会の実現に向けた取り組みが進められている。

本講では、Step1 でまず基本事項として、障害のとらえ方と日本における障害者の現状を確認する。Step2 では、共生社会の実現に向けた障害者福祉の展開過程と現在の障害者施策について解説する。最後に Step3 では、国際的な理念としての「インクルージョン」と、そのなかで保育士に期待される役割について学ぶ。

Step1

1. 障害のとらえ方

「障害」とは

　パラリンピックをはじめ、障害のある人についてメディアで取り上げられることが多くなり、「障害者スポーツ」や「障害のある人の雇用の促進」といった言葉を見聞きする機会が増えてきた。しかしながら、スポーツ活動や雇用の促進は、障害の有無にかかわらずすべての人にとって必要な事柄である。

　これらの事柄について、特に「障害のある人」を強調する背景には、2つの視点があるといえる。1つは、障害のある人には「特別な支援（ルール、道具、教育・伝達方法など）が必要である」ということであり、もう1つは障害のある人がスポーツに参加する、あるいは安定的な雇用につながる「機会がとぼしい」ということである。すなわち、障害のある人が障害のない人と同様の権利と生活を享受するにあたっては、個々に必要な特別な支援を行うことと、参加機会をとぼしくしている社会を変えていくことの、2つのアプローチが必要なのである。

障害に関する考え方の変化——医学モデルから医学・社会統合モデルへ

　国際的に共通した障害の概念として、世界保健機関（WHO）が2001年に発表したICF（International Classification of Functioning, Disability and Health：国際生活機能分類）と、その児童青年期版（ICF version for Children and Youth）が知られている。

　現行の障害モデルであるICFは、2001年のWHO総会で承認された。その目的は、健康状況と健康関連状況を記述するための共通言語と概念的枠組みを提供することにある。従来のICIDH（International Classification of Impairments, Disabilities and Handicaps：国際障害分類）が「病気の諸帰結」の分類であったのに対して（**図表13-1**）、ICFでは「健康の構成要素」の分類へと移行をとげている。

　具体的には、人がだれでももっている「生活機能」は、心身機能・身体構造、活動、参加の3つの次元からなるとした。この生活機能は、病気・変調といった健康状態、そして設備や制度といった環境因子、および性別、年齢といった個人因子からなる背景因子の影響を受ける。これを相互作用モデルという。

　結果として、生活機能の3つの次元が問題をかかえた状態をそれぞれ、機能障害、活動制限、参加制約と呼び、その総称を「障害（disability）」と呼ぶとした。これらの関係は**図表13-2**のように表される。

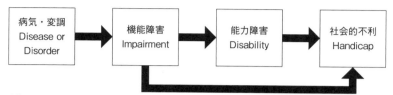

図表13-1　ICIDH の障害分類モデル

出典：WHO, *International Classification of Impairments, Disabilities, and Handicaps*, Geneva, 1980. 厚生省仮訳「WHO 国際障害分類試案」厚生統計協会，1984.

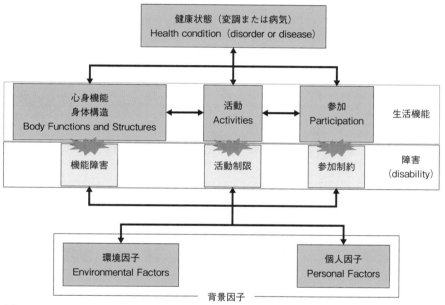

図表13-2　ICF の構成要素間の相互作用モデル

出典：WHO, *ICF : International Classification of Functioning, Disability and Health*, Geneva, 2001. 厚生労働省訳は、障害者福祉研究会編『ICF 国際生活機能分類——国際障害分類改定版』中央法規出版，p.17, 2002. を一部改変。

　例えば、「歩く」という生活動作ができる能力をもっていたとして、何らかの事情によりそれを使わないでいるとその機能は衰え、やがて歩行困難となる。社会参加の有無もまた、心身の機能や活動（能力）に影響する。つまり、障害の状態は固定されたものではなく、その人の生活実態によって変わりうるという考え方である。

　ICF によれば、障害の医学モデルとは、障害を個人の問題としてとらえ、病気やけがなどから直接的に生じるものであり、専門職による専門的な治療・教育・支援が必要であるとする考え方である。一方で障害の社会モデルとは、障害を社会に

よってつくられた問題ととらえ、社会環境の変化によって解決・軽減可能とする考え方である。ICF は、この 2 つの対立的なモデルを統合した新たなモデルとして位置づけられている。

　さらに ICF の特徴的な点は、障害が発生する背景に環境因子と個人因子が存在するとしたことである。個人因子には性格も含まれる。たとえ何かしらの障害をもっていたとしても、本人が明るく前向きにとらえていれば、活動の頻度(ひんど)や程度が増え、社会参加の機会が広がることがある。また、住宅・施設のバリアフリーの環境や家族の状況によっても活動と参加の程度は変わり、それによって心身機能・身体構造に影響を及ぼす可能性もある。

　障害のある人への支援は、こうした要素をすべて考慮したうえで、一人ひとりの状況に応じて個別的に行われることが必要である。

2. 障害者の現状

　国の調査[*1]（**図表13- 3**）によれば、身体障害児・者、知的障害児・者、精神障害者の総数（推計）は964万7000人であり、国民のおよそ7.6％が何らかの障害を有していることになる。

　障害種別では、身体障害児・者が436万人で全体の約半数と最も多く、次いで精神障害者が419万3000人で全体の約 4 割、最も少ない知的障害児・者が109万4000人で約 1 割となっている。障害児・者のほとんどが在宅で暮らしているものの、全体の約5.3％にあたる50万7000人が入所施設あるいは病院で生活しており、その割合は知的障害児・者で約26.0％と特に高くなっている。

　なお、2011（平成23）年から 5 年ごとに厚生労働省が行っている「生活のしづらさなどに関する調査（全国在宅障害児・者等実態調査）」は、障害者手帳の有無や福祉サービス利用の有無にかかわらず、すべての在宅で暮らす障害者が含まれるよう、発達障害のある人や高次脳機能障害のある人はもちろん、難病等患者や現在の法制度では支援の対象とならないが、長引く病気やけが等により生活のしづらさがある人も調査対象としている[*2]。

　WHO の報告書[*3]によれば、世界人口のおよそ15％が何らかの障害をかかえて暮

＊1　内閣府「令和 4 年版 障害者白書」pp.213～219, 2022.
＊2　厚生労働省社会・援護局障害保健福祉部「平成28年 生活のしづらさなどに関する調査（全国在宅障害児・者等実態調査）結果の概要」2018.
＊3　World Health Organization, *World report on disability*, WHO Press, p.7, 2011.

図表13-3　障害者数（推計）

		総数	在宅者	施設入所者
身体障害児・者	18歳未満	7.2	6.8	0.4
	18歳以上	419.5	412.5	7.0
	年齢不詳	9.3	9.3	―
	合計	436.0	428.7	7.3
知的障害児・者	18歳未満	22.5	21.4	1.1
	18歳以上	85.1	72.9	12.2
	年齢不詳	1.8	1.8	―
	合計	109.4	96.2	13.2

		総数	外来患者	入院患者
精神障害者	20歳未満	27.6	27.3	0.3
	20歳以上	391.6	361.8	29.8
	年齢不詳	0.7	0.7	0.0
	合計	419.3	389.1	30.2

注1：精神障害者の数は、ICD-10の「V 精神及び行動の障害」から知的障害（精神遅滞）を除いた数に、てんかんとアルツハイマー病の数を加えた患者数に対応している。

注2：身体障害児・者および知的障害児・者の施設入所者数には、高齢者関係施設入所者は含まれていない。

注3：四捨五入で人数を出しているため、合計が一致しない場合がある。

資料：「身体障害児・者」
　　　在宅者：厚生労働省「生活のしづらさなどに関する調査」（2016年）
　　　施設入所者：厚生労働省「社会福祉施設等調査」（2018年）等より厚生労働省社会・援護局障害保健福祉部で作成
　　　「知的障害児・者」
　　　在宅者：厚生労働省「生活のしづらさなどに関する調査」（2016年）
　　　施設入所者：厚生労働省「社会福祉施設等調査」（2018年）等より厚生労働省社会・援護局障害保健福祉部で作成
　　　「精神障害者」
　　　外来患者：厚生労働省「患者調査」（2017年）より厚生労働省社会・援護局障害保健福祉部で作成
　　　入院患者：厚生労働省「患者調査」（2017年）より厚生労働省社会・援護局障害保健福祉部で作成

出典：内閣府『令和4年版 障害者白書』p.215, 2022. を一部改変。

らしているという。日本の調査も、発達障害児・者を含む精神障害者の把握率が低いなどの問題はあるものの、調査の継続により、より実態に近い障害者の状況が把握できるようになると考えられる。

Step2

1. 障害者福祉の展開

　長い間、日本における障害者福祉は障害の種別に応じた福祉施策と施設入所の推進によって展開されてきた。

　1997（平成9）年から2000（平成12）年にかけてなされた社会福祉基礎構造改革を受けて、障害者福祉分野でも契約型福祉への移行、利用者の自己決定と権利を保障する取り組みが推進されてきた。社会福祉基礎構造改革以降の障害者福祉施策に関する主な出来事を**図表13-4**に示す。

　なかでも大きな出来事は、2006年の国連総会において「障害者の権利に関する条約」（障害者権利条約）が採択されたことである。この条約は、それまでの国際人権法に定められた人権規定を障害のある人にも保障するよう明文化し、さらに実効性を推進するため法的拘束力をもたせたものである。また、この条約で特に重要なことは、「合理的配慮」という考え方が定義されたことである。障害のある人が権利を行使できない状況にある場合、個々のケースに応じて、環境を調整したり改善したりする必要がある。これらの調整が合理的であり、かつ過度な負担でないにもかかわらず、調整を怠った場合には、障害者差別として位置づけられるとした。

　日本では、この障害者権利条約を批准するため、2009（平成21）年12月に「障がい者制度改革推進本部」を内閣府に設置し、国内の環境整備を行ってきた。2011（平成23）年には障害者基本法を改正し、インクルージョンの理念を掲げるとともに、障害者に制限をもたらすものとして、「障害」だけでなく「社会的障壁」の概念を新たに追加した。これは、ICFの医学・社会統合モデルを採用した形である。

図表13-4 社会福祉基礎構造改革以降の障害者福祉施策に関する主な出来事

年代	出来事
2003（平成15）年	支援費制度の開始
2005（平成17）年	障害者自立支援法の公布（2006（平成18）年4月1日一部施行、10月より本格施行）
2006（平成18）年	国連・障害者権利条約を採択
2009（平成21）年	内閣府「障がい者制度改革推進本部」を設置
2010（平成22）年	障害者自立支援法の改正
2011（平成23）年6月	障害者虐待防止法の公布（2012（平成24）年10月1日施行）
2011（平成23）年8月	障害者基本法の改正
2012（平成24）年	障害者総合支援法の成立（2013（平成25）年4月1日一部施行）
2013（平成25）年	障害者差別解消法の公布（2016（平成28）年4月1日施行）
2014（平成26）年	日本が障害者権利条約を批准

これをふまえて障害者自立支援法が改正・改題され、障害者の生活支援について定めた「障害者の日常生活及び社会生活を総合的に支援するための法律」（障害者総合支援法）が2012（平成24）年6月に成立した。

さらに、障害者差別禁止の具体化をめざして、2013（平成25）年6月には「障害を理由とする差別の解消の推進に関する法律」（障害者差別解消法）が公布され、2016（平成28）年4月の施行に併せて、差別を解消するための措置や合理的配慮についてのガイドラインを整備した。これら国内法制度の整備を経て、2014（平成26）年1月、日本は障害者権利条約を批准した。

2. 共生社会の実現に向けて

2011（平成23）年に改正された障害者基本法第1条では、「全ての国民が、障害の有無にかかわらず、等しく基本的人権を享有するかけがえのない個人として尊重されるものであるとの理念にのっとり、全ての国民が、障害の有無によって分け隔てられることなく、相互に人格と個性を尊重し合いながら共生する社会」（以下「共生社会」）を実現するため、障害者の自立および社会参加の支援等のための施策を総合的かつ計画的に推進することを目的とする旨が定められている。

さらに同法第8条では、国民の責務として、共生社会の実現に寄与するよう努めなければならない旨が示されている。また、障害者差別解消法第4条では、同じく国民の責務として、障害を理由とする差別の解消の推進に寄与するよう努めなければならない旨を定めている。

以下に、共生社会の実現に向けた障害者施策の中核となる、障害者総合支援法と障害者差別解消法について解説する。

障害者総合支援法

この法律は、2011（平成23）年の改正障害者基本法をふまえた新たな法律として、2012（平成24）年6月に公布、2013（平成25）年4月に一部施行された。

（1）法の目的と基本理念

> **障害者総合支援法**
> **（目的）**
> **第1条** この法律は、障害者基本法の基本的な理念にのっとり、身体障害者福祉法、知的障害者福祉法、精神保健及び精神障害者福祉に関する法律、児童福祉法その他障害者及び障害児の福祉に関する法律と相まって、障害者及び障害児が基本的人権を享有する個人とし

ての尊厳にふさわしい日常生活又は社会生活を営むことができるよう、必要な障害福祉サービスに係る給付、地域生活支援事業その他の支援を総合的に行い、もって障害者及び障害児の福祉の増進を図るとともに、障害の有無にかかわらず国民が相互に人格と個性を尊重し安心して暮らすことのできる地域社会の実現に寄与することを目的とする。

（基本理念）

第１条の２　障害者及び障害児が日常生活又は社会生活を営むための支援は、全ての国民が、障害の有無にかかわらず、等しく基本的人権を享有するかけがえのない個人として尊重されるものであるとの理念にのっとり、全ての国民が、障害の有無によって分け隔てられることなく、相互に人格と個性を尊重し合いながら共生する社会を実現するため、全ての障害者及び障害児が可能な限りその身近な場所において必要な日常生活又は社会生活を営むための支援を受けられることにより社会参加の機会が確保されること及びどこで誰と生活するかについての選択の機会が確保され、地域社会において他の人々と共生することを妨げられないこと並びに障害者及び障害児にとって日常生活又は社会生活を営む上で障壁となるような社会における事物、制度、慣行、観念その他一切のものの除去に資することを旨として、総合的かつ計画的に行わなければならない。

「基本的人権を享有する個人としての尊厳」や社会的障壁に言及するなど、障害者権利条約に沿った表現となっているとともに、共生社会の実現をめざした法の理念が明示されている。

（２）法の対象

障害者総合支援法

（定義）

第４条　この法律において「障害者」とは、身体障害者福祉法第４条に規定する身体障害者、知的障害者福祉法にいう知的障害者のうち18歳以上である者及び精神保健及び精神障害者福祉に関する法律第５条に規定する精神障害者（発達障害者支援法第２条第２項に規定する発達障害者を含み、知的障害者福祉法にいう知的障害者を除く。）のうち18歳以上である者並びに治療方法が確立していない疾病その他の特殊の疾病であって政令で定めるものによる障害の程度が主務大臣が定める程度である者であって18歳以上であるものをいう。

身体障害者、知的障害者、精神障害者（発達障害者を含む）に加え、いわゆる難病等の患者を「障害者」として法の対象に含めている。

また、「障害児」については、同条第２項で「児童福祉法第４条第２項に規定する障害児をいう」と規定し、同じく身体障害、知的障害、精神障害、および難病等のある18歳未満の者も同法の対象になるとしている。

（３）支援の内容

障害のある人の自立と地域生活を支援するために、同法で定められている給付と事業の概要を示したものが**図表13-5**である。

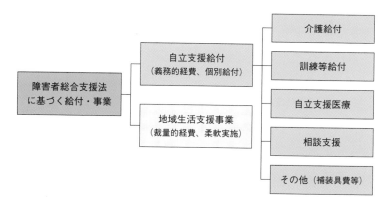

図表13-5 障害者総合支援法に基づく給付・事業の概要

- 障害者総合支援法に基づく給付・事業
  - 自立支援給付（義務的経費、個別給付）
    - 介護給付
    - 訓練等給付
    - 自立支援医療
    - 相談支援
  - 地域生活支援事業（裁量的経費、柔軟実施）
    - その他（補装具費等）

障害者差別解消法

2013（平成25）年6月に公布、2016（平成28）年4月に施行されたこの法律は、共生社会の実現に向け、障害を理由とする差別の解消を推進することを目的とし、障害者基本法第4条に基本原則として定められている「差別の禁止」を具体化する内容が定められている。

（1）差別を解消するための措置

例えば、障害があることを理由にアパートの賃貸契約を断るといった障害者に対する差別的取り扱いについて、国・地方公共団体等と民間事業者にはそれを禁止する法的義務を課した。また、例えば、耳の不自由な人に筆談などをせず声だけで情報を伝える、目の不自由な人に書類を渡して読み上げないといった合理的配慮の不提供については、国・地方公共団体等には禁止する法的義務を、民間事業者には努力義務を課した。その後、2021（令和3）年6月に公布された改正障害者差別解消法において、民間事業者にも合理的配慮の提供を法的に義務づけた。

（2）差別を解消するための支援措置

障害者差別にかかわる紛争解決・相談については、すでに存在する制度・機関の活用と充実を図ること、障害者差別解消支援地域協議会において関係機関等が連携して地域での差別解消を支援することとされた。また、障害理解や障害者差別の解消に向けた普及・啓発活動の実施と、国内外における情報収集・整理・提供を行うことが定められている。

Step3

1. インクルージョンの理念

　日本の障害者施策は世界の動向に大きく影響を受けている。とりわけ、現在の日本と世界の障害児・者をとりまく保育・福祉・教育が掲げている理念は、「インクルージョン（inclusion）」である。インクルージョンとは、直訳すると「包括」や「包み込む」という意味である。従来の「ノーマライゼーション（normalization）」や「インテグレーション（integration）」といった理念は、障害者と健常者という相対的二者の存在を前提としていた。これに対し、インクルージョンは、障害者と健常者を分けて考えるのではなく、すべての人を包み込み、今は不利な立場にある人も自立と社会参加ができる社会をめざしている。さらに、障害だけでなく、あらゆる差別の解消をめざした理念である（**図表13-6**）。

　インクルージョンが国際的な場ではじめて表明されたのは、1994年のサラマンカ声明（スペインのサラマンカで開催された「特別ニーズ教育世界会議」で採択された声明）である。その後、2006年の国連・障害者権利条約にもこの考え方が採用された。つまり、インクルージョンが実現されたインクルーシブ社会とは、日本の障害者基本法が掲げる、「全ての国民が、障害の有無によって分け隔てられることなく、相互に人格と個性を尊重し合いながら共生する社会」（共生社会）を意味している。

　障害を含め、さまざまな状況や状態にある人々がすべて分け隔てなく包括され、それぞれの個性と能力を活かしながら生活できるのがインクルーシブ社会であり、共生社会である。その実現のためには、一人ひとりが多様な価値観をみとめあうことが必要である。

図表13-6 インテグレーションとインクルージョン

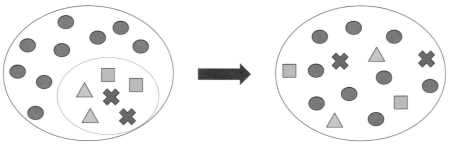

インテグレーション　　　　　　　　　　　インクルージョン

2. 共生社会の実現に向けた保育士への期待

　共生社会を実現するために、保育所および保育士にはどのような役割や態度が期待されているのだろうか。

　特別な配慮を必要とする子どもや「気になる子」がいる保育の現場では、「障害のある子どもがクラスにいると混乱をきたすので困る」という保育士や、「障害のある子どもが自分の子どもと同じクラスにいると迷惑」と感じてしまう保護者もいるだろう。こうした差別的な見方や考え方を減らしていくためには、どうするべきだろうか。保育所や保育士が知識と経験を深め、障害のある子どもとのかかわり方や環境構成に工夫をすることはもちろん、障害についての正しい理解を子どもたちや保護者、同僚など周りの人たちに広めていくことが大切である。

　障害のない子どもたちへの障害に関する啓発については、幼児期から継続的な取り組みを行うことが必要であると指摘されている。幼児期の障害理解において重要なことの1つに、障害に対するファミリアリティ（親しみ）をもたせ、新奇性（もの珍しさ）を低めることがある[*4]。幼児期から障害のある人と接する機会をもつことによって、障害に対する親近感を高め、成長した後も障害のある人に対する理解のない行動を軽減することができるだろう。

　そもそも幼児期は、自分と他者との違いに気づき、疑問をもち、関心を示すようになる時期である。この時期に、直接的あるいは間接的に障害のある人の存在を知り、正しい障害理解の機会を得ることで、多様な価値観を形成する基盤をつくることができる[*5]。

　その第一歩として、保育士は、自身の考えや態度が幼児期の子どもの価値観形成に大きな影響を与えることを忘れず、まずは保育士自身がインクルージョンの考えをもち、保育実践のなかで展開していくことが求められる。

　さらに近年では、障害のある人や障害そのものを題材とした絵本や紙芝居も多く出版されている。普段からそうした読みものを活用して、自分と違うさまざまな人がいることへの気づきをうながし、障害に対する親しみと理解を深め、障害のある人との共生について考える機会を設けることも、幼児期の子どもたちとかかわる保育士にとって大切なことである。

第13講 共生社会の実現と障害者施策

[*4]　徳田克己「障害理解の心理」高見令英・向後礼子・徳田克己・桐原宏行『わかりやすい教育心理学』文化書房博文社，1995.

[*5]　水野智美『幼児に対する障害理解指導——障害を子どもたちにどのように伝えればよいか』文化書房博文社，2008.

参考文献

● 一般社団法人日本ソーシャルワーク教育学校連盟編『最新 社会福祉士養成講座・精神保健福祉士養成講座⑧ 障害者福祉』中央法規出版，2021.

● 下司優里「第15講 障害のある子どもとその保護者への支援等の事例分析」公益財団法人児童育成協会監・松原康雄・村田典子・南野奈津子編『基本保育シリーズ⑤ 相談援助』中央法規出版，pp.171〜182，2015.

● 小林徹・栗山宣夫編『ライフステージを見通した障害児の保育・教育』みらい，2016.

● 佐藤久夫『共生社会を切り開く──障碍者福祉改革の羅針盤』有斐閣，2015.

● 佐藤久夫・小澤温『障害者福祉の世界 第5版』有斐閣，2016.

● 障害者福祉研究会編『ICF 国際生活機能分類──国際障害分類改定版』中央法規出版，2002.

● 内閣府『令和4年版 障害者白書』2022.

COLUMN 「障害」と「障がい」

　「障害」と「障がい」、2つの表記を目にすることがある。「害」という字は、「わざわい」や「さまたげ」を意味し、「災害」「害虫」「妨害」など悪いイメージの言葉につかわれることが多い。そのため、障害のある当事者からの訴えもあり、障害に対してネガティブなイメージを与えないようにと、「がい」をひらがなで表記することが増えてきた。

　しかし、もともと障害は悪いものだったのだろうか。「害」の旧字は、「碍」である。その「碍」という字は、大きな石（岩）の前で、人が考え込んでいる図からできた象形文字である。つまり、目の前の岩（困難）をどう乗り越えようかと考え、努力している人を表している。すなわち「障害」とは、決して「困難」や「差し障り」それ自体を指すものではなく、何らかの問題を解決するためにチャレンジすること、または挑戦する人を表した言葉であることがわかる。

　現在は英語圏でも、障害のある人のことを「disabled（障害者）」ではなく、「challenged（チャレンジする人）」や「person with 〜 difficulty（〜に困難のある人）」などと表すようになっている。

　文字のイメージにとらわれず、「障害」の本質をICFの視点からも考えていきたい。

（下司優里）

第14講

在宅福祉・地域福祉の推進

少子化や核家族化の進行、就業構造の変化など、わが国における子育てを取り巻く環境は刻々と変化してきている。また、それにともない、保育所や保育士に求められるようになった新たな役割や機能も見受けられる。

本講では、はじめに地域福祉という考え方やその実践方法を学ぶ。そしてそれをふまえたうえで、子ども、保護者や地域住民、隣接諸領域の専門職に対する保育士のかかわり方を理解する。

Step 1

1. 地域福祉の概念

　地域福祉とは、わが国に固有の概念である。また、比較的新しい考え方かつ多義的であるため、その理解はいまだに十分になされているとはいえない。そのうえで上野谷（2004）は、地域福祉を「住み慣れた地域社会のなかで、家族、近隣の人々、友人、知人などの社会関係を保ち、自らの能力を最大限発揮し、誰もが自分らしく、誇りをもって、家族およびまちの一員として、普通の生活（くらし）を送る事ができるような状態を創っていくこと」と定義している[*1]。

　この地域福祉という考え方が社会福祉分野のなかで「主流化」したのは、1951（昭和26）年に制定された社会福祉事業法が、社会福祉基礎構造改革の議論を経て、2000（平成12）年に社会福祉法に改正されたころである。第1条では、法の目的として「この法律は（中略）福祉サービスの利用者の利益の保護及び地域における社会福祉（以下、「地域福祉」という。）の推進を図るとともに、社会福祉事業の公明かつ適正な実施の確保及び社会福祉を目的とする事業の健全な発達を図り、もって社会福祉の増進に資する事を目的とする」と規定されている。

　さかのぼって地域福祉の発展過程をみていくと、戦前では地域において行われてきた「結い」や「講」などの相互扶助や方面委員制度、セツルメント活動がある。

　武川（2010）は、戦後の地域福祉の発展段階を、①社会福祉協議会（社協）主導の段階、②行政化の段階、③地域福祉の主流化の段階、というように3つに整理して論じている[*2]。①社協主導の段階（1980年代末まで）には、要援護者が地域で生活していくために、住民の福祉への参加や協力、意識と態度の変容を図り、福祉コミュニティづくりを進めるという地域組織化と、1979（昭和54）年に全国社会福祉協議会から出された『在宅福祉サービスの戦略』によって提唱された、施設中心の福祉から在宅中心の福祉への転換が、この時期の日本の地域福祉を構成するうえでの重要な要素であるとしている。また、②行政化の段階（1990年代末まで）では、1989（平成元）年に東京都において、都、区市町村および社協がそれぞれに地域福祉の推進に向けた計画策定を行うといういわゆる「三相計画」を構想し、社協と併せて行政も地域福祉の推進にかかわっていくという考え方が打ち出された。加えて1990（平成2）年の福祉関係八法改正では、地域福祉を志向する表現がみられるよ

---

*1　上野谷加代子・松端克文ほか編著『やわらかアカデミズム・わかるシリーズ　よくわかる地域福祉』ミネルヴァ書房, p.2, 2004.
*2　武川正吾「地域福祉の主流化とローカル・ガバナンス」岩田正美監, 野口定久・平野隆之編著『リーディングス日本の社会福祉⑥ 地域福祉』日本図書センター, p.322, 2010.

うになった。そして、③地域福祉の主流化の段階では、法律、地域社会、地域住民、社協活動、地方行政、それぞれの場で地域福祉が主流化していったと指摘している。

2. 地域共生社会の実現と包括的支援体制の構築に向けて

　2016（平成28）年に閣議決定された「ニッポン一億総活躍プラン」に、地域共生社会の実現が盛りこまれた。地域共生社会とは、社会や地域で暮らす人々の状況が変化するなかで、制度・分野の枠や「支える側」「支えられる側」という関係を超えて、人と人、人と社会がつながり、生きがいや役割をもって助け合いながら暮らしていくことができる包摂的なコミュニティを創るという考え方である。ここでは、近年の社会福祉法の改正や、それに関連する検討会報告書のポイントを整理しておきたい。

　2017（平成29）年6月に、地域包括ケアシステムの強化のための介護保険法等の一部を改正する法律が成立し、社会福祉法の一部が改正された（2018（平成30）年4月施行）。この改正によって、地域共生社会を築いていくうえで地域福祉の政策化が強調され、行政の責務が明確となった。

　2019（令和元）年12月に出された「地域共生社会に向けた包括的支援と多様な参加・協働の推進に関する検討会　最終とりまとめ」（以下、最終とりまとめ）では、市町村が地域住民の複合化・複雑化したニーズに対応するための包括的な支援体制を構築するために、「断らない相談支援（本人・世帯の属性にかかわらず受け止める相談支援）」「参加支援（本人・世帯の状態に合わせ、地域資源を活かしながら、就労支援、居住支援などを提供することで社会とのつながりを回復する支援）」「地域づくりに向けた支援（地域社会からの孤立を防ぐとともに、地域における多世代の交流や多様な活躍の機会と役割を生み出す支援）」の3つの支援を一体的に行う新たな事業を創設すべきであるとされた。

　この最終とりまとめを背景に、2020（令和2）年6月の社会福祉法の改正では、①地域福祉の推進において地域住民が主体であることが明記され（同法第4条）、②新たに市町村が行う重層的支援体制整備事業が位置づけられた（同法第106条の4）。また、③地域福祉計画に盛りこむべき事項として「地域生活課題の解決に資する支援が包括的に提供される体制の整備に関する事項」が記載された（同法第107条、第108条）。地域福祉計画とは、市町村が地域社会の構成員と協働して地域

の福祉課題を解決する体制を効率的・効果的に整備することを目的とした行政計画であり、すべての地域住民の生活全体にかかわる社会福祉の基盤計画である。

3. 地域福祉の実践内容

地域福祉の実践内容としては、**図表14-1**に加えて、専門職間のネットワークや福祉教育、人材の育成・研修など、地域福祉実践の基盤整備が必要である。

4. 地域福祉の推進

次に、地域福祉をどのように推進していくのかについて考えていきたい。日本では、地域援助技術（コミュニティワーク）という名称が長く使用されてきた。また、その概念に近いものとしてコミュニティ・オーガニゼーションやコミュニティ・デベロップメントと呼ばれるものがあり、それぞれに歴史的な背景がある。

その後、ソーシャルワークの技術がソーシャル・ケースワーク、グループワーク、コミュニティワークといった分類からジェネラリスト・ソーシャルワークという枠組みに再編・統合されていくなかで、近年、「地域を基盤としたソーシャルワーク」やコミュニティソーシャルワーク、または地域福祉援助技術という地域福祉の実践理論が注目されるようになった。

岩間（2011）は、「地域を基盤としたソーシャルワークとは、ジェネラリスト・ソーシャルワークを基礎理論とし、地域で展開する総合相談を実践概念とする、<u>個を地域で支える援助と個を支える地域をつくる援助を一体的に推進すること</u>を基調とした実践理論の体系である」と定義している[3]。

総合相談の実践に関しては、現在、全国各地で「地域福祉専門職」や「コミュニティソーシャルワーカー」などの人材の配置が進んでいるが、その大きな契機として、2006（平成18）年の介護保険法の改正によって創設された地域包括支援センターの存在がある。地域包括支援センターには、保健師、主任介護支援専門員、社会福祉士を配置することが規定され、包括的支援事業（総合相談支援業務）や権利擁護の窓口として、高齢者の地域生活支援に大きな役割を果たしている。つまり、日常生活圏域において、よりいっそう地域を基盤としたソーシャルワークが求めら

---

*3　岩間伸之「地域を基盤としたソーシャルワークの特質と機能——個と地域の一体的支援の展開に向けて」ソーシャルワーク研究編集委員会編『ソーシャルワーク研究：社会福祉実践の総合研究誌』第37巻第1号, p.7, 2011.

図表14-1 地域福祉の実践内容

地域福祉サービス	地域福祉活動	地域福祉サービス、地域福祉活動の両方の要素をもつもの	困りごとを抱えた人を支援するための仕組み
①対人社会サービス ・訪問看護など、自宅で受けられるサービス ・保育、学校教育など、専門施設等に通って受けられるサービス ・特別養護老人ホームなど、生活の場を施設に移して受けられるサービス ②専門組織の支援 ・専門組織のネットワーク ・経営支援 ・施設機能の地域展開（地域開放）の支援	③地域活動 ・町内会、自治会などの住民活動 ・ボランティア活動 ・当事者活動 ・企業の社会貢献活動 ④地域活動の組織化 ・地域住民のネットワークづくり ・ボランティアの組織化 ・当事者の組織化 ⑤地域福祉組織の支援 ・経営支援 ・公私協働の促進	⑥福祉増進サービス・活動 ・社会参加や社会参加を促すための活動 ⑦予防的福祉サービス・活動 ・健康教室や育児教室など ⑧福祉に特化したNPO活動 ・専門性をもったNPO等の活動 ⑨住民参加型サービス ・住民の相互扶助によるサービス提供 （⑧、⑨に関しては、無償の活動から始まって専門化していくものも多い）	⑩利用者支援・保護 ・法人情報の開示 ・権利擁護 ・虐待防止 ・サービスの評価 ・苦情解決 ⑪ケアマネジメント ⑫情報の収集・加工・提供 ・広報、啓発 ・相談、情報提供

出典：牧里毎治・杉岡直人ほか編『ビギナーズ地域福祉』有斐閣, p.181, 2013. をもとに作成。

れているといえる。

　ここで注意したいのは、Aという地域の優れた実践を、Bという地域にスライドして展開しようとしてもうまくいくわけではないという点である。地域福祉の実践には、地域性、独自性などのその地域「らしさ」を大切にしながら、新しい資源を開発したり、つながりを再構築したりしていくことが重要である。

第14講　在宅福祉・地域福祉の推進

169

Step2

1. 保育所における子育て支援の機能と特性

　2015（平成27）年4月から子ども・子育て関連3法に基づく「子ども・子育て支援新制度」がスタートしたが、そのなかで「地域の子ども・子育て支援の充実」が謳われている。利用者支援として、すべての子育て家庭を支援するしくみに拡充され、利用者支援専門員が地域子育て支援拠点などの身近な場所で、①個別ニーズ等の把握、②相談対応（来所受付・アウトリーチ）、③ネットワークの構築、④社会資源の開発を行うこととなった。この利用者支援専門員の業務内容はまさに、Step1の4で取り上げた地域を基盤としたソーシャルワークである。今後は、よりいっそう個別支援と地域支援の両側面に配慮しながら支援を行っていくことが求められる。

　ここでは、地域において保育士がどのように子育て支援にかかわっていくことが望ましいのかを考えていきたい。

　2021（令和3）年12月に出された「地域における保育所・保育士等の在り方に関する検討会 取りまとめ（以下、取りまとめ）」では、保育所や認定こども園等に就園していない0〜2歳の子どもやその保護者が、子育てにおいて孤立しやすい現状をふまえ、保育所・保育士等が児童および保護者に対して必要な助言等を行うことで、保育所を利用する子どもや保護者だけでなく、その地域に住む、特に孤立した子育て家庭に寄り添い、必要に応じた助言等により各家庭の「子育て力」を高めること、そしてそれを含めた支援枠組みを構築することが必要であると述べられている。

　取りまとめのなかでは、わが国の人口が今後も減少し、子どもの数のみならず子育て支援の担い手も少なくなってくることを鑑みると、保育所を多機能化し、地域の子育て支援の中核的機関とするなど、地域の実情に応じて必要な機能を選択して展開することも検討するべきであると指摘されている。

2. 保育士によるニーズ把握

　地域における子育て支援を行う際、まずは保育士が保護者および地域のニーズを把握することが重要である。保育士は送迎時等、日常的に保護者と接する機会がある。また、連絡帳などを用いてコミュニケーションを図ることも可能である。保護者にとってみれば、相談機関に面談の予約をして赴くよりも、より気軽に子育てに関する相談がしやすい環境となっている。

　保育士はこのような特性を活かし、保護者や子どもの選択・決定を側面的に支援しながら、必要に応じて社会資源を紹介したりつなげたりすることが求められる。そのためには、子どもや保護者とのかかわりのなかでの気づきをないがしろにしたり、担当の保育士が一人でかかえこんだりするのではなく、保育所内での会議で情報共有や意見交換をすることや、関係機関との連携により解決に導くという行動が必要となる。

3. 関係機関との連携・ネットワーク

　地域における子育て支援を推進していく際には、さまざまな人材がもつ強みを活かしたかかわり方が重要となってくるが、その強みや専門性が異なるがゆえに合意形成のプロセスに困難が生じる場合がある。そこで必要となってくるのが"連携"という考え方である。保育士をはじめとする専門職や地域住民が連携して子育て支援にあたる場合、関係者が集まる場を設定し、お互いに思いを共有しながら、それぞれの地域性に応じた子育て支援のビジョンを描いていくことが必要となる。その際、保育士は子どもの日常の様子をよく知り、子どもの成長のプロセスやエピソードを語ることができる専門職として、①情報提供、②必要な専門職等人材の招集、③会議や勉強会、研究会などの場の設定、④保育所としての子育て支援に関する広報・普及啓発活動などを担うことが求められる。

　また、地域において子育て支援を展開する際に連携・協力先として想定される機関・関係者は、児童相談所、福祉事務所、市町村の相談窓口や保育担当課、市町村保健センター、療育センター、教育委員会、小学校・中学校・高等学校、特別支援学校、社会福祉法人、特定非営利活動法人、民生委員・児童委員、主任児童委員等があげられる。保育士は、まずは地域に存在するそれぞれの機関や役割、担当者について知ることが前提となる。

　そのうえで、例えば子どもの発達について保護者から相談を受けた保育士は、①ほかの保育士・園長と情報を共有し、巡回相談を行う、②地域の療育センターと連携し、臨床心理士などの専門職と情報を共有しながら子どもの発達を見守る、③就学に向けてほかの専門機関につなげるといった対応をとることも考えられる。

　保護者、保育士、地域の専門職同士が顔の見える関係性を築いて、子どもの発達についての課題を整理しながら必要な支援を行っていくためには、ていねいなかかわりと十分な時間が必要となる。そのため、経験年数の豊富な保育士がスーパーバイザーとなって相談を受けるなど、「保育士を支えるしくみ」も重要である。また、

勉強会・研究会などで事例を整理し報告することで、ほかの保育士が同じような場面に遭遇した際にも参考にしながら対応を検討することができるため、園内外の保育士ネットワークを築いていくことも大切である。さらに、行事の際には近隣住民と積極的に交流を深めて、協力者や理解者を増やしていくことも求められる。

4. 福井県福井市の事例から学ぶ

　ここでは、福井県福井市の「第二期福井市子ども・子育て支援事業計画」を参考にしながら、地域における子育て支援ニーズの実際をみていきたい。

　福井市は人口約27万人の中核市である。平成25年度および平成30年度に実施された「子ども・子育て支援に関するニーズ調査」の結果をみると、市の家族形態の特徴としては、三世代同居世帯や祖父母が近居である割合が高い。また、共働き率や女性の就業率が全国的にみて高く、結婚や出産を機に離職する割合は低くなっている。このように同居や近居の割合が高いことは、日常的に祖父母等による子育てのサポートを受けやすいというプラスの側面もあるが（**図表14-2**）、家族や親族のネットワークが希薄な保護者のニーズが潜在化することで新たなサービスが生まれにくく、サポートを必要としている家庭に支援が十分に届かないことが懸念される。また、就業年齢の引き上げなどの社会情勢により、保護者の育児支援ニーズが高い時期に祖父母が就業を継続しているケースも増えてきており、家族・親族以外の子育て支援体制のさらなる整備が必要である。

　平成30年度の「少子化・子育てに関する福井市民意識調査」のなかでは、子育てについて協力したいこととして「地域からの要望や機会があれば協力したい」（16.7%）、「子育て支援に関する地域の活動に積極的に参加したい」（6.3%）という回答もみられ、地域における子育て支援への関心をもつ人々の存在がうかがえる（**図表14-3**）。また、子育てについて地域活動で協力したいこととして、割合が高い順に「挨拶や声掛け」「児童の「子ども110番」、「かけこみ所」への協力」「通学路での交通安全指導及び見守り活動」「学校、保育園等への送迎、帰路の付き添い」「保育園、小学校等で行う世代間交流事業への参加」等が続いている（**図表14-4**）。

　子育てに参加・協力したいという意識をもつ市民がいるということは、子どもの育ちを地域で支えるために非常に重要である。支え手としての意識を行動につなげるためのうながしを行うとともに、保護者に対しては、子育て支援に関する情報を伝えるツールを工夫することや、支援を必要とする家庭に確実に支援が届くようアウトリーチの手法を用いた支援を行うことが求められる。

図表14-2　未就学児の同居・近居の状況と見てもらえる親族・知人の割合（複数回答）

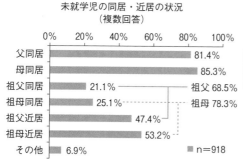

未就学児の同居・近居の状況
（複数回答）

父同居　81.4%
母同居　85.3%
祖父同居　21.1%　　祖父 68.5%
祖母同居　25.1%　　祖母 78.3%
祖父近居　47.4%
祖母近居　53.2%
その他　6.9%　　n=918

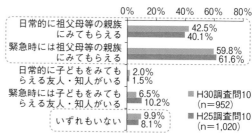

未就学児を見てもらえる親族・知人の有無
（複数回答）

日常的に祖父母等の親族にみてもらえる　42.5% / 40.1%
緊急時には祖父母等の親族にみてもらえる　59.8% / 61.6%
日常的に子どもをみてもらえる友人・知人がいる　2.0% / 1.5%
緊急時には子どもをみてもらえる友人・知人がいる　6.5% / 10.2%
いずれもいない　9.9% / 8.1%

■H30調査問10（n=952）
■H25調査問10（n=1,020）

※同居・近居の範囲は、概ね30分以内で行き来できる範囲としています。

資料：福井市「第二期福井市子ども・子育て支援事業計画」（令和2年3月）p.23をもとに作成。

図表14-3　子育てについて協力したいこと（複数回答）

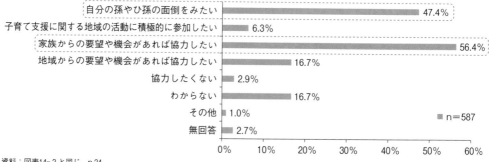

自分の孫やひ孫の面倒をみたい　47.4%
子育て支援に関する地域の活動に積極的に参加したい　6.3%
家族からの要望や機会があれば協力したい　56.4%
地域からの要望や機会があれば協力したい　16.7%
協力したくない　2.9%
わからない　16.7%
その他　1.0%
無回答　2.7%
■n=587

資料：図表14-2と同じ，p.24.

図表14-4　子育てについて地域活動で協力したいこと（複数回答）

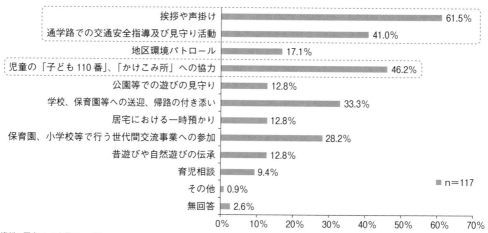

挨拶や声掛け　61.5%
通学路での交通安全指導及び見守り活動　41.0%
地区環境パトロール　17.1%
児童の「子ども110番」、「かけこみ所」への協力　46.2%
公園等での遊びの見守り　12.8%
学校、保育園等への送迎、帰路の付き添い　33.3%
居宅における一時預かり　12.8%
保育園、小学校等で行う世代間交流事業への参加　28.2%
昔遊びや自然遊びの伝承　12.8%
育児相談　9.4%
その他　0.9%
無回答　2.6%
■n=117

資料：図表14-2と同じ，p.24.

第14講　在宅福祉・地域福祉の推進

Step3

1. 計画策定との関係

　政府は「利用者支援事業」と「市町村子ども・子育て支援事業計画」を、子ども・子育て支援新制度の「車の両輪」としている。市町村子ども・子育て支援事業計画では、市町村が示す必須記載事項として、①地理的条件、人口、交通事情その他の社会的条件、教育・保育を提供するための施設の整備の状況その他の条件を総合的に勘案して定める区域ごとの当該教育・保育提供区域における各年度の特定教育・保育施設にかかる必要利用定員総数、特定地域型保育事業所にかかる必要利用定員総数その他教育・保育の量の見込みならびに実施しようとする教育・保育の提供体制の確保の内容およびその実施時期、②教育・保育提供区域ごとの当該教育・保育提供区域における各年度の地域子ども・子育て支援事業の量の見込みならびに提供体制の確保の内容およびその実施時期、③子どものための教育・保育給付にかかる教育・保育の一体的提供および当該教育・保育の推進に関する体制の確保の内容、④子育てのための施設等利用給付の円滑な実施の確保の内容があげられている。これらの政策・計画は、よりいっそう地域が一体となって子育てのための環境整備をしていくという方向性を強く打ち出したものである。

　例えば、地域福祉計画の評価には、①タスクゴール、②プロセスゴール、③リレーションシップ（パートナーシップ）ゴール、という３つの観点があるとされている。タスクゴールは、計画において定められた数値や生活課題の解決などの目標が、どの程度達成されたのかを問うものである。またプロセスゴールは、計画策定の過程において住民参加・参画がどの程度なされたかを測るものである。そしてリレーションシップ（パートナーシップ）ゴールは、そこにかかわる行政や住民がどのように協働あるいは役割分担をして課題を解決したのかを評価するものである。

　これらの考え方を子ども・子育て支援事業計画にも応用し、多角的にゴール設定を試みることで、単に施設やサービスの数の増加を推進するだけではなく、行政や専門職、住民間の意識や関係性の変化を生み出せるのではないだろうか。それは、まちづくりを行っていく際に重要な合意形成の視点とも合致する。計画策定のプロセスを通じて、現状認識と今後の方向性を関係者間で共有しながら、めざすべき体制をつくり上げていくことが重要である。

2. 保育士に求められる役割

　日々の保育場面では、子どもたちへの個別および集団へのアプローチが主となっ

てくるであろう。そのうえで、Step 2 でも述べたように、現代の保育士には家族や地域に対する支援も求められる。例えば気がかりな子どもがいた場合、保護者に対してのアプローチや、子どもの状況に応じた社会資源につなげるための情報提供などが必要となってくる。適切に支援のネットワークを広げていくためには、まずは子どもの変化に気づくための知識が不可欠であるが、加えて、保護者に話をする際の場の設定や伝え方のスキルを獲得し、関係機関と顔の見える関係性を築き、必要に応じて連携できることが望ましい。そのためには、保育士としての役割認識をあらためて問い直し、卒後の継続した学びのなかで研鑽を積むことが求められる。

　学びの機会の具体的な例としては、職場内でのミーティングやケース会議に参加する、OJT、OFF-JT、SDS（Self Development System）の機会を利用する、スーパービジョンやコンサルテーションを受けることなどが想定される。これらは専門職としての資質の向上に寄与するだけでなく、ケースを一人でかかえこむことを防いだり、自分の実践を新たな視点からとらえ直すことができたりするという効果がある。このような場や時間を捻出することは、子どもや保護者への支援の質の向上にとっても大切である。

3. 子育て支援にかかわる人材

　昨今の少子化対策において、女性への支援だけでなく男性に対しても多様な支援の取り組みがなされるようになってきた。しかしながら、これらの施策はまだ緒についたばかりであり、一部の先進的な事例を除いては、実態として子育て環境が大きく変わったとはいえない。通底しているのは"地域で子育てを行っていく"という考え方であり、そこには老若男女さまざまな人々が暮らすコミュニティがある。子育て支援を考えるとき、これから子どもを生み育てていく若年層の男女にも積極的に参加を呼びかける必要があるのではないだろうか。

　社会の変化によって人々の生き方が個人化・多様化していくなかで、子どもを産み育てるという選択自体にこれまでとは異なる要因が影響している。若者たちに「地域にあるさまざまな社会資源を活用することで、自分たちもこのまちで子育てができる」と実感してもらうためには、実際にロールモデルの様子を見聞きする場を設けることも必要である。ボランティアなどの機会を通じて、さまざまな年齢層の人々が子どもとかかわることは、双方にとって大きな意味があると考えられる。また、保育士はそのような場において、専門知識を活かしながら仲介役を果たすことが望ましい。

第14講 在宅福祉・地域福祉の推進

175

参考文献

● 川村匡由編著『住環境福祉論――人と環境の調和をめざして』ミネルヴァ書房，2011.

● 上野谷加代子・松端克文ほか編著『やわらかアカデミズム・わかるシリーズ よくわかる地域福祉』ミネルヴァ書房，2004.

● 牧里毎治・杉岡直人ほか編『ビギナーズ地域福祉』有斐閣，2013.

● 岩間伸之・原田正樹『地域福祉援助をつかむ』有斐閣，2012.

● 岩田正美監，野口定久・平野隆之編著『リーディングス日本の社会福祉⑥ 地域福祉』日本図書センター，2010.

● 厚生労働省子ども家庭局「地域における保育所・保育士等の在り方に関する検討会 取りまとめ」2021.

● 厚生労働省社会・援護局「地域共生社会に向けた包括的支援と多様な参加・協働の推進に関する検討会 最終とりまとめ」2019.

● 厚生労働省「保育所保育指針解説」2018.

● 社会保障審議会福祉部会「市町村地域福祉計画及び都道府県地域福祉支援計画策定指針の在り方について（一人ひとりの地域住民への訴え）」（平成14年 1 月28日）

● 福井市「第二期福井市子ども・子育て支援事業計画」（令和 2 年 3 月）

COLUMN "苦情" を保育実践に活かす

　当然のことながら、地域で生活する人々の年齢、職業、価値観はさまざまである。特に現代では働き方も多様化し、日中の子どもたちの声を"騒音"と感じる住民もゼロではない。とすれば、例えばあなたが保育所や児童館で働くなかで、近隣住民等からの"苦情"を聞く場面があるかもしれない。その際、子どもの最善の利益という大前提は守りながらも、一歩立ち止まり、その"苦情"を伝えてきた人々の背景を想像してみてほしい。もしかすると、"苦情"として伝えられた内容は、その人にとってはどうしてもがまんしがたい"生活上の困りごと"かもしれないのである。

　"苦情"を批判としてとらえると、心情としては否定したくなったり、過剰に防衛・反論したくなったりするであろう。けれども"苦情"を申し出る人々は、見方を変えればそこにいる人や施設に関心をもっているとも考えられる。ていねいな話し合いの積み重ねや改善内容によっては、その人々は"応援者"に変わる可能性があるのだ。

　保育実践を行ううえで、地域の人々の協力を得ることは必要不可欠である。ピンチをチャンスに変え、地域に子どもたちを見守る目が増えるような"第三の道"が開かれることを望みたい。

（永井裕子）

第15講

諸外国の社会福祉の動向

　本講では先進諸国の社会福祉の概要を学んでいく。また本講で
は、各福祉国家がどのような保育システムをもち、どのような課
題に挑戦しているのかについても基本事項を押さえていく。
Step1 では、「取り組みとしての社会福祉」の全体を指す福祉国家
について、その3つの類型を解説する。Step2 では、3つの類型
にあてはまる国の保育システムの概要を整理し、保育をめぐる各
国（各レジーム）の共通課題について検討する。そして Step3 で
は、社会福祉の主な「視座」（望ましい姿に関する考え方）を示
し、各レジームになじむ形で「社会的投資」の視座に依拠した政
策が展開されていることを明らかにする。

Step1

1. 社会福祉と福祉国家

「社会福祉」という言葉は多様な意味で用いられている。あらためて確認すれば、社会福祉という言葉には「目的概念（＝理念）」としての意味と「実体概念（＝制度や活動）」としての意味がある。この目的概念としての社会福祉を追求・実現するためのしくみの総体を、「福祉国家」という。

福祉国家とは、目的概念としての社会福祉を実現しようとする実効的なシステムを包括的(ほうかつてき)にとらえようとする概念であると理解してよい。この「実効的な」という部分がポイントである。確かに私たちは「福祉世界」という福祉国家よりも大きな枠組みを想定することもできる。しかしその「実効性」は限られたものでしかない。国連や国際NGOの活躍をみて「福祉世界」の実在性を感じる向きもあろうが、国連の諸機関や国際NGOが、生活に困窮(こんきゅう)する日本人をじかに救済してくれるわけではない。つまり、今のところ国家だけが「実効性」を備えた唯一(ゆいいつ)の社会福祉実現のためのしくみである、ということになる。非国家的な市民活動もまた、社会福祉実現に貢献しているが、それらは国家の福祉供給を代替(だいたい)できないし、すべきでもない。

第2次世界大戦の前後にかけて、先進工業諸国のほとんどは福祉国家の建設に励んでいった。各国はそれぞれの歴史や文化、経済発展や政治状況に応じて、多様な福祉国家をつくり上げていった。その共通点は、失業・疾病(しっぺい)・老齢・障害といった国民の生活を脅(おびや)かす共通のリスクに備え合ったり、種々の要因によって一般的な生活を送ることができない人々を助けたりするための手段として、多様な給付やサービスを権利として利用できるしくみが整っていることである。

海外の政策・制度を参照して自国に取り入れることをねらいとする実践的な研究とはまた別に、各国がなぜ、どのように多様な福祉国家を形成することができたのか、その発展メカニズムを解明しようとする研究が本格化したのは、20世紀の半ばを過ぎてからのことである。

2. 福祉国家の類型

福祉国家の発展メカニズムに関する理論研究の成果に立脚して、各国の多様な福祉国家の現実を客観的な分析手続きに則(のっと)って比較検討し、類型化を施そうとする国際比較研究の嚆矢(こうし)となったのが、エスピン－アンデルセン（Esping-Andersen, G.）の研究である。

エスピン – アンデルセン（2001）は、社会福祉のおかげで人々が働かなくても普通に暮らせるようになった度合い（「脱商品化」の効果）と、社会の分断や統合が進んだ度合い（「社会的階層化」の効果）を比べて、似たもの同士を3つの「レジーム」（体制）として類型化した[*1]。ここで、福祉国家ではなく「福祉レジーム」の類型化がなされたということに注意してほしい。福祉レジームとは、国家・市場・家族のもとで提供される福祉の相互関係や特徴をトータルにとらえようとする概念である。同様の趣旨で「福祉多元主義」や「福祉ミックス」という言葉をつかう者もいる。これらの概念は、福祉国家の内部で多様な主体が福祉の生産と供給を行っていることを強調している。

　福祉多元主義に関する議論では、主として社会サービスの供給が扱われ、福祉レジームよりもきめ細かく福祉供給部門が区分される。それは、「公式部門」としての国家（中央政府と地方政府）、「非公式部門」としての家族・親戚・友人、「民間営利部門」としての企業（株式会社等）、「民間非営利部門」としてのボランティア団体やNPO法人、といった区分である。今日の福祉国家では、社会サービス（介護、保育、教育、住宅、就労支援など）の供給において、こうした多元的な供給セクターが、それぞれの特色や強みを活かしたサービス供給を行うことが期待されている。

3. 福祉レジームの3類型

　これらの手続きによってエスピン – アンデルセンが導き出したのは、「自由主義レジーム」「保守主義レジーム」「社会民主主義レジーム」の3つであり、この3類型は、その後の比較福祉国家研究にとっての参照基準とされていった。以下、各レジームの概要を整理してみたい。「三つの世界」を再検証した『ポスト工業経済の社会的基礎』という本のなかで、エスピン – アンデルセンは、家族に関する分析が不十分だとの指摘をうけ、家族の役割を加味して各レジームの特徴を**図表15-1**のように整理し直している。

　自由主義レジームは、国家が主として貧困者を対象に制限的な社会政策を実施する一方で、個々人による市場での福祉追求が徹底されている国々を指す。つまり、労働力の脱商品化があまり進んでいないということである。ただし労働力としての

---

*1　G・エスピン – アンデルセン，岡沢憲芙・宮本太郎監訳『福祉資本主義の三つの世界——比較福祉国家の理論と動態』ミネルヴァ書房，2001.

図表15-1　福祉レジームの特徴

	自由主義	社会民主主義	保守主義
役割			
家族の役割	周辺的	周辺的	中心的
市場の役割	中心的	周辺的	周辺的
国家の役割	周辺的	中心的	補完的
福祉国家			
連帯の支配的様式	個人的	普遍的	血縁、コーポラティズム、国家主義
連帯の支配的所在	市場	国家	家族
脱商品化の程度	最小限	最大限	高度（稼得者にとって）
典型例	アメリカ	スウェーデン	ドイツ・イタリア

出典：G・エスピン－アンデルセン，渡辺雅男・渡辺景子訳『ポスト工業経済の社会的基礎——市場・福祉国家・家族の政治経済学』桜井書店，p.129，2000.

商品化が困難な人々（高齢者、障害者等）については、各種の公的支援が提供されている。その結果、自由主義レジームでは、商品化が困難な人々や公的福祉の利用層と、それ以外の人々の分断が進んでいる。アメリカ、カナダ、オーストラリアといった英語圏の国々がこれに該当する。

　保守主義レジームは、職業上の地位と伝統的な家族とを維持するような社会政策を展開している国々を指す。そうした国々では、年金や医療を提供する社会保険制度が職域ごとに分立しているため、職業上の地位にともなう公的支援の保障水準に格差がみられる。また、優遇される伝統的な家族形態とそれ以外の生活様式を選択した人々の分断も顕著で、伝統的な秩序を維持する社会政策に限っては、脱商品化が進んでいる。このレジームでは、現金給付を行う社会保険が中心であり、また伝統的な家族が重視されているため、保育等の社会サービスの発展が遅れた。ドイツ、オーストリア、フランス、イタリアといった大陸欧州諸国がこれに該当する。

　社会民主主義レジームは、中間層と労働者階級との連帯が進んでいて、国家は中間層が満足できる高水準の社会政策を実施している国々を指す。このレジームでは、階級間の連帯のおかげで社会は階層化を免れており、その結果として、すべての人々に高水準の社会政策が提供されている。このレジームでは、労働力の脱商品化が進んでいる。また、個人の「自律」が重視され、市場からの解放（労働からの自由）とともに、伝統的な家族からの解放（特に女性を縛りつける伝統的な家族観からの自由）が図られている。スウェーデンをはじめとする北欧諸国がこれに該当する。

4. 日本からみた外国の社会福祉／外国からみた日本の社会福祉

　これまでの比較研究は、主として「日本からみた外国の社会福祉」に関心を向けてきたが、「外国からみた日本の社会福祉」もまた多くの示唆を与えてくれる。グレゴリー・カザ（Kasza, G. J.）は、日本と西欧諸国を比較し、興味深い結論を導いている[*2]。それは、日本の福祉国家は、タイミングとしては遅れて成立したわけでもなければ、内容が劣っているわけでもないし、独特な福祉国家であるともいえない、というものである。日本と西欧諸国の福祉国家の間には、相違点よりも共通点のほうが多い、というのがカザの主張のポイントである。

　補足すれば、時期的には「先発」の西欧のあとに近代化への歩みを開始した「後発」の日本は、経済も政治も文化も福祉も、西欧諸国からの輸入に頼ってきた。それゆえ、カザがいうように、西欧諸国との類似点が多くなるのは当然といえよう。また、カザは、日本が主要な福祉制度を導入したタイミングは、経済発展の段階からみれば西欧諸国と同じか、制度によっては早いくらいだとしている。経済発展の水準を無視した比較はあまり意味がないというのは妥当な指摘であろう。むしろ日本は、経済的な豊かさや社会問題の深刻さの面で西欧諸国に追いつく前に、機先を制して主要な福祉制度を輸入してきたというカザの指摘は、十分に納得できるものである。

　だが、経済的な豊かさも、社会問題の深刻さも、すでに西欧諸国と同じか、ある面では追い越してしまった日本は、社会問題の解決策を考えていくにあたって、これまでのように制度や考え方の「輸入」に頼ることが困難になりつつある。少子高齢化と脱工業化がもたらす難問に対し、自前の努力で解決策を模索しなければならなくなっているのである。そのため、先発各国がいかなる福祉をどのように実現しているのか、その「結果」（導入された政策・制度）とともに「過程」（課題の背景や取り組みの経緯）に注目することが大切になっている。そうした観点から、Step 2 では、先発福祉国家における保育システムの動向について、どのような背景のもとで、各国が課題に挑んできたのかという「過程」に着目しながら確認していくことにする。

＊2　グレゴリー・J・カザ，堀江孝司訳『国際比較でみる日本の福祉国家——収斂か分岐か』ミネルヴァ書房，2014.

Step2

1. 各国の保育システム——カナダ、ドイツ、スウェーデン

　本ステップでは、異なる福祉レジームの「保育システム」を概説し、各国が挑んできた共通課題を整理する。以下、自由主義レジームについてはカナダ、保守主義レジームについてはドイツ、社会民主主義レジームについてはスウェーデンを取り上げる。なお、ここでいう保育システムとは、子どもの育ちと学び（あるいはケアと教育）を保障するしくみのことを指している。後述のように、経済協力開発機構（OECD）は、子どもの育ちと学びの一体性を重視し、「幼児教育・保育（Early Childhood Education and Care：ECEC）」という概念を導入している。近年の各国における保育改革では、質の高いECECを保障することが焦点の1つとなっている。

（1）カナダ

　カナダの保育システムの特徴は、州ごとの違いが大きいことや、多文化主義をふまえた保育がなされていることなど、さまざまな意味で多様性が尊重されている点にある。州および準州が運営主体であり、幼稚園、保育所、保育センター、学童保育、家庭的保育、就学前学校などの基準を定めたり助成を行ったりしている。またカナダでは、保育の一環として「家族支援」に力が入れられており、親同士の交流や居場所づくりなどを支援する「ファミリー・リソース・センター」が重要な役割を担っている[*3]。近年、カナダ政府は、一部大都市での待機児童の増加や保育料の高騰をうけ、保育サービスの量的整備の予算措置を講じるとともに、幼児教育の充実を図っている。

（2）ドイツ

　ドイツの保育システムの特徴は、社会教育のための機関として位置づけられている点にある。ドイツの社会教育は「家庭や学校と並ぶ第3の教育領域」として、児童・青少年の育成と援助の機能を担っている[*4]。保育システムは州によって運営されている。主な保育の場には、①3歳未満を対象とする「保育所（Kinderkrippe）」、②3〜6歳までを対象とする「幼稚園（Kindergarten）」、③育児支援者（保育ママ・パパ）による「家庭的保育（Tagespflege）」がある。ドイツは日本と同様に、少子化の深刻化と保育需要の急増に直面している。

---

*3　伊志嶺美津子・藤川史子「第6章 カナダ——人権意識の高い多民族国家」泉千勢編著『なぜ世界の幼児教育・保育を学ぶのか——子どもの豊かな育ちを保障するために』ミネルヴァ書房，pp.226〜232，2017.
*4　豊田和子「第4章 ドイツ連邦共和国——統一後の保育・就学前教育改革の動向」泉千勢編著，前掲3，pp.134〜135，2017.

また、2000年の第1回PISA（OECD生徒の学習到達度調査）の結果を受け、学力向上が社会的関心事となった。これらを背景に、21世紀に入ると保育所の量的整備、3歳未満児の保育サービスの拡充、就学前教育の質の向上が急速に進められた。

（3）スウェーデン

スウェーデンの保育システムの特徴は、社会福祉ではなく教育政策の一環として位置づけられている点にある。保育システムの運営はコミューン（Kommun）によって担われ、公費と低額の利用者負担によってまかなわれている。手厚い育児休業制度（16か月）と所得保障施策（両親保険、児童手当）を通じて、1歳までは家庭で養育する条件が整備されている。1〜5歳までの保育は、育ちと学びを一体化させた就学前教育として展開されている。

主な保育の場には、①1〜5歳までを対象とした「就学前学校（Förskola）」、②義務教育の準備段階として6歳児が7歳の就学まで1日3時間の教育を受ける「就学前クラス（Förskoleklass）」、③1〜12歳を対象に保育者が自宅で保育を行う「教育的保育（Pedagogiskomsorg）」などがある。「子どもの権利条約」の理念に依拠し、質の高い育ちと学びをすべての子どもに権利として保障するスウェーデンの保育システムは、OECDの報告書においても高く評価されている[5]。

2. 各国の共通課題——子どもの権利保障と脱工業化への対応

経済社会の脱工業化を背景に、20世紀後半以降の先進各国では、女性の労働市場参加が進み、保育需要が増大していった。同時に、知識社会化も進展し、子どもの非認知能力の向上が注目されるようになった。その結果、近年の保育システムに対して、両親の就労促進と、子ども（特に乳幼児）の発達と教育の保障が期待されていった。こうした期待に応えるために、各国は保育システムの改革を進めてきた。その共通課題は、国連の「子どもの権利条約」（1989年）に依拠して「子どもの立場から保育の質改革」に取り組むことであった[6]。

他方でOECDは、上記のような社会の変化をうけ、加盟各国におけるECEC政策の動向と課題に関する調査研究を実施し、子どもの権利として質の高いECECへの公平なアクセスを実現するという各国共通の課題を達成するための条件を探ってきた。以下、子どもの権利条約とOECDの調査研究について解説する。

*5 白石淑江「第2章 スウェーデン王国——揺るがぬ子どもの権利の視点」泉千勢編著，前掲3，p.65，2017.
*6 泉千勢「終章 世界の保育から日本は何を学ぶのか——『すべての子どもの幸せ』の実現に向けて」泉千勢編著，前掲3，p.170，2017.

子どもの権利条約

　先進各国の ECEC 政策によって追求されてきた「子どもの権利条約」の内容を、あらためて確認してみたい。同条約は「4つの原則」を掲げている。

・**生命、生存及び発達に対する権利**：すべての子どもの命が守られ、もって生まれた能力を十分に伸ばして成長できるよう、医療、教育、生活への支援などを受けることが保障されること
・**子どもの最善の利益**：子どもに関することが決められ、行われる時は、「その子どもにとって最もよいことは何か」を第一に考えること
・**子どもの意見の尊重**：子どもは自分に関係のある事柄について自由に意見を表すことができ、大人はその意見を子どもの発達に応じて十分に考慮すること
・**差別の禁止**：すべての子どもは、子ども自身や親の人種や国籍、性、意見、障がい、経済状況などどんな理由でも差別されず、条約の定めるすべての権利が保障されること（上記の説明は日本ユニセフ協会 HP を参照した）

　各国の政府は、以上の原則に配慮しながら、育ちと学びを子ども自身の権利として保障するためのしくみづくりを進めてきた。その際、さまざまな不利を被りやすい子ども（貧困層・低所得世帯の子ども、文化的マイノリティの子ども、病気や障害のある子どもなど）へのケアと教育が課題とされてきた。

　他方で、先進各国においては、脱工業化にともなう人口学的・経済社会的な変化と社会的ニーズの増大（合計特殊出生率の低下、ひとり親世帯の増加、共働き世帯の一般化、仕事と家庭の両立やジェンダー平等の要請、非正規雇用や不安定雇用の増大、子どもの貧困の連鎖など）を背景に、保育課題が広がりと深まりをみせている。こうした課題に対処するために、各国政府は ECEC 政策に力を入れるなかで、「子どもの権利条約」を一連の取り組みのよりどころとしてきた。

OECD 報告書 Starting Strong

　OECD は、加盟各国における ECEC の「質（quality）」を重視した保育システムづくりをめざし、包括的な調査研究を実施してきた。その調査研究報告書「Starting Strong（人生の始まりこそ力強く）」は、2001年（Ⅰ）、2006年（Ⅱ）、2012年（Ⅲ）、2015年（Ⅳ）、2017年（Ⅴ）、2021年（Ⅵ）と、これまで6つのバージョンが出されている（ⅠからⅢまでは日本語訳が出版されている）。ここでは2001年（Ⅰ）の報告書を取り上げ、そのポイントを整理する。OECD 報告書の趣旨は、加盟各国が展開している ECEC 政策の範囲や政策課題の明確化に加え、実行可能な提案や、

政策づくりに役立つデータの特定などにより、子どもと親のために政策担当者ができることやすべきことを明らかにすることにあるとされている。

　報告書からは、各国のECEC政策には保育のあり方をめぐる根本的な争点がかかわっていることがわかる。特に目を引くのが、①乳幼児期のケアと教育に責任をもつのは「家族」か「政府」か、という争点と、②そもそも乳幼児期に重要なのは「育ち（ケア）」か「学び（教育）」か、という争点である。

　報告されている各国の取り組みが教えてくれるのは、どちらの争点もあれかこれかという二者択一の問題ではない、ということである。報告書は、①について、政府のECEC政策は家族によるケアと教育の代替物ではなく補完的なものであり、子どもは両方から利益を得ているとしている。②については、乳幼児期を「それ自体を大切にすべき特別な時間」とみなす考え方と、「将来へ向けた準備期間」とみなす考え方は対立しているようにみえるが、各国のECEC政策では両者のバランスが模索されているとしている。子どもは生まれたときから「有能な学習者」であり、常に日々の生活のあらゆる面で学習するのだから、「ケア」と「教育」の区別は無意味である、との指摘はECEC政策の意義を的確に伝えている。

　ECECは射程の広い目標をもつ政策である。報告書によれば、それは「民主主義社会の広範な目標」を達成するための政策として理解される必要があり、「ECEC政策を改善する取り組みは、子どもの貧困の低減、ジェンダーの平等の推進、教育制度の改善、多様性の尊重、子どもと親のウェルビーイングの向上をはかるための、より広範な取り組みの一環」でなければならないとされている。

　最後に報告書の第4章では、各国の経験から、質の高いECECへの公平なアクセスを実現する「成功の要素」を導き出している。日本にとって特に示唆的な要素は、①子どもたちを権利の主体ととらえる重要性を認識していること、②単一の所轄省庁によって行政責任が統合されていること、③世帯所得、親の雇用状況、特別支援教育へのニーズ、民族的・言語的な社会的背景にかかわらず、すべての子どもに質の高いECECへの参加機会を平等化すること、④乳幼児期を支えるすべての労働者の養成訓練・地位・待遇を改善し、職能開発へのアクセスを保証すること、の4点であろう。

　幼児教育と保育の権利性が脆弱で、監督省庁が分立し（幼稚園は文部科学省、保育所は厚生労働省、認定こども園は内閣府）、社会的不利益を被る子どもの育ちと学びへの支援が手薄で、保育士の待遇向上が停滞している日本の現状は、すべての子どもに質の高いECECへの公平なアクセスを保証できるようになるまでの道のりが、長く険しいものとなりうることを暗示している。

第15講　諸外国の社会福祉の動向

Step3

1. 社会福祉の視座

　Step 1 では 3 つの福祉レジームについて解説したが、その際、読者の皆さんはそれらのいずれかに「望ましさ」を感じたのではないだろうか。「スウェーデンをはじめとする社会民主主義レジームの平等重視は理想的だ」「アメリカのような自由主義レジームは活力があってよい」など、感じ方はさまざまであろう。とはいえ、前述の福祉レジームは、各国の特徴を客観的に説明しているだけであって、どの福祉国家が理想的であるとか望ましいということを示しているわけではない。

　これまで、社会福祉の客観的で記述的な分析や比較とは別に、いかなる社会福祉を「望ましい」とするかという規範的な考え方（視座）の違いについても、さまざまな分類と比較検討がなされてきた[*7]。ここではそうした視座のうち、実際に福祉国家の発展に影響を与えてきた「ケインズ主義」「新自由主義」「社会的投資」という 3 つの視座を取り上げて解説する[*8]。これらの視座に関する解説は、ECEC 政策の背景を理解するうえでも有益であろう。

　ケインズ主義は、福祉国家の建設を主導してきた伝統的な視座である。この視座に立つ人々は、社会的平等と完全雇用の達成を目標とし、国家の社会政策による有効需要の創出を通じて「市場の失敗」（失業・貧困・格差）を克服することで、そうした目標を達成しようとする。

　新自由主義は、ケインズ主義に真っ向から反対する視座である。この視座に立つ人々は、1970 年代の西欧諸国における経済の停滞とインフレは、高福祉をまかなおうと高負担（重税）を強いたことや、高福祉が人々から労働意欲を奪ったことのせいであると批判する。そして、活力ある市場の再生と、福祉に依存しない責任ある個人の回復をめざして、労働市場の規制緩和、福祉の民営化、福祉予算の削減によって、経済成長と雇用創出を図ろうとする。

　社会的投資という視座に立つ人々は、上記 2 つの視座の見方は偏っているとして、ECEC をはじめとする社会政策は市場をうまく機能させるための投資であることを強調する。そして、機会の平等化を徹底し、質の高い雇用を創出することで「社会的包摂」を進めようとする。それゆえ、この視座のもとでは、幼児教育や生涯教育などの教育政策、職業訓練や求職支援を充実させた労働市場政策、男女の労働力化を支援する保育政策などが重視される。これらの政策が投資となり、経済成

---

*7　圷洋一・堅田香緒里ほか『社会政策の視点──現代社会と福祉を考える』法律文化社，2011.

*8　Greve, B., *Welfare and the Welfare State*, Routledge, pp.48-52, 2014.

長と雇用創出がうながされていくと考えられているのである。

　レジーム類型とこれらの視座とのかかわりについていえば、福祉国家の建設当初は、どのレジームでもケインズ主義が有力な視座とされていた。しかし、福祉国家の「危機」が喧伝された1970年代以降は、温度差はあるが、自由主義レジーム以外でも新自由主義の視座が影響力をもった。もともと社会的投資は、前述のスウェーデンにみられるように、社会民主主義レジームで育まれてきた。長期失業や社会的排除が政策課題として浮上しはじめた1990年代以降、各レジームになじむ形で、社会的投資型の社会政策が打ち出されていった。

2. 新しい社会的リスクに対する各国の対応

　脱工業社会の「新しい社会的リスク」（雇用劣化や子ども・若者・女性の貧困化リスクなど）によって脆弱の度合いを高めた個々人が被る現代的な貧困や生活問題は「社会的排除」という概念によって把握されてきた。各国では社会的排除に抗して社会的包摂を追求するうえで、積極的な労働市場政策（雇用促進策）を進めてきたが、この積極的な労働市場政策は、上記の社会的投資の視座に立脚している。

　社会民主主義と保守主義の両レジームにおける社会的投資型の社会政策は、「アクティベーション」（活性化）と呼ばれる。これに対して自由主義レジームにおけるそれは、「ワークフェア」（就労による福祉）と呼ばれる。前者は、積極的な福祉としての職業訓練・職業教育・求職活動と、消極的な福祉としての所得保障とを両立・融合させようとする。これに対し後者は、積極的な福祉に参加する義務を果たすことを消極的な福祉の受給条件とする、という違いがみられる。子細にみれば、レジームごとの展開はもっと多様である[*9]。ともあれ、どのレジームでも社会的包摂をめざして、積極的な福祉と消極的な福祉を組み合わせながら労働市場への参加を重視している、という共通点が見いだせる。

　以上のように、新しい社会的リスクに対する各国の取り組みは、総じて「働くこと」を重視している。これに対して、「働くこと」と「生きること」を切り離し、きちんと「生きること」を保障しようとする制度構想として、「ベーシックインカム（BI）」というアイディアが注目を集めている[*10]。BI構想の研究・普及・実現

[*9]　福原宏幸・中村健吾編『21世紀のヨーロッパ福祉レジーム——アクティベーション改革の多様性と日本』糺の森書房, 2012.

[*10]　山森亮『ベーシック・インカム入門——無条件給付の基本所得を考える』光文社, 2009.

をめざしている「ベーシックインカム地球ネットワーク」という団体がある。その
ホームページには、BI とは「資力調査や就労要件なしに、万人に個人単位で無条
件に提供される所得である」と記されている。BI 構想に対しては、「そんな制度が
実現したとすれば、だれも働かなくなってしまうのではないか」と心配する向きも
ある。しかし現在でも、お金のためだけに働いている人ばかりではない。そのほか
にも、財源はどうするか、社会サービスとの関係はどうなるのか、といったさまざ
まな問いが生じるだろう。BI 構想は「働くこと」と「生きること」を強固に結び
つけている現在の福祉国家の考え方に反省を迫り、それらが本来、何を求めてきた
のかを改めて考えさせるという意味で、非常に重要な議論といえる。

参考文献

● 圷洋一・堅田香緒里ほか『社会政策の視点——現代社会と福祉を考える』法律文化社，2011.

● ピート・アルコック・ゲイリー・クレイグ編，埋橋孝文ほか訳『社会政策の国際的展開——先進諸国における福祉レジーム』晃洋書房，2003.

● 伊志嶺美津子・藤川史子「第 6 章 カナダ——人権意識の高い多民族国家」泉千勢編著『なぜ世界の幼児教育・保育を学ぶのか——子どもの豊かな育ちを保障するために』ミネルヴァ書房，2017.

● 泉千勢「序章 世界の保育の質改革の動向——21世紀型保育へのチャレンジ」泉千勢編著，前掲，2017.

● 泉千勢「終章 世界の保育から日本は何を学ぶのか——『すべての子どもの幸せ』の実現に向けて」泉千勢編著，前掲，2017.

● G・エスピン - アンデルセン，岡沢憲芙・宮本太郎監訳『福祉資本主義の三つの世界——比較福祉国家の理論と動態』ミネルヴァ書房，2001.

● グレゴリー・J・カザ，堀江孝司訳『国際比較でみる日本の福祉国家——収斂か分岐か』ミネルヴァ書房，2014.

● Greve, B., *Welfare and the Welfare State*, Routledge，2014.

● 経済協力開発機構（OECD）編著，一見真理子・星美和子訳『OECD スターティングストロング白書——乳幼児期の教育とケア（ECEC）政策形成の原点』明石書店，2022.

● 厚生労働省「2021年 海外情勢報告」2021.

● 白石淑江「第 2 章 スウェーデン王国——揺るがぬ子どもの権利の視点」泉千勢編著，前掲，2017.

● 豊田和子「第 4 章 ドイツ連邦共和国——統一後の保育・就学前教育改革の動向」泉千勢編著，前掲，2017.

● 山森亮『ベーシック・インカム入門——無条件給付の基本所得を考える』光文社，2009.

● ベーシックインカム地球ネットワークホームページ　http://www.basicincome.org/

● 福原宏幸・中村健吾編『21世紀のヨーロッパ福祉レジーム——アクティベーション改革の多様性と日本』糺の森書房，2012.

● ユニセフホームページ　https://www.unicef.or.jp/

索 引

あ〜お

新・基本保育シリーズ

【企画委員一覧】（五十音順）

【編集・執筆者一覧】

編集

松原康雄（まつばら・やすお）　　　　明治学院大学名誉教授

圷　洋一（あくつ・よういち）　　　　東京都立大学教授

金子　充（かねこ・じゅう）　　　　　明治学院大学教授

執筆者（五十音順）

圷　洋一（あくつ・よういち）　　　　（前掲）　　　　　　　　第6講・第15講

大竹　智（おおたけ・さとる）　　　　立正大学教授　　　　　　第5講

金子　充（かねこ・じゅう）　　　　　（前掲）　　　　　　　　第1講・第3講

北本佳子（きたもと・けいこ）　　　　昭和女子大学教授　　　　第11講

下司優里（げし・ゆり）　　　　　　　流通経済大学准教授　　　第13講

土谷長子（つちや・ひさこ）　　　　　皇學館大学准教授　　　　第9講

友川　礼（ともかわ・あや）　　　　　松山東雲女子大学准教授　第10講

永井裕子（ながい・ゆうこ）　　　　　福井県立大学助教　　　　第14講

西　智子（にし・ともこ）　　　　　　元日本女子大学特任教授　第2講

畑本裕介（はたもと・ゆうすけ）　　　同志社大学教授　　　　　第4講

松江暁子（まつえ・あきこ）　　　　　国際医療福祉大学専任講師　第12講

松原康雄（まつばら・やすお）　　　　（前掲）　　　　　　　　第7講

渡辺裕一（わたなべ・ゆういち）　　　武蔵野大学教授　　　　　第8講

社会福祉 第2版

新・基本保育シリーズ④

2019年2月20日　初　版　発　行
2023年1月1日　第 2 版 発 行
2024年2月1日　第2版第2刷発行

監　修	公益財団法人 児童育成協会
編　集	松原康雄・圷 洋一・金子 充
発行者	荘村明彦
発行所	中央法規出版株式会社
	〒110-0016東京都台東区台東3-29-1　中央法規ビル
	Tel 03（6387）3196
	https://www.chuohoki.co.jp/
印刷・製本	株式会社太洋社
装　幀	甲賀友章（Magic-room Boys）
カバーイラスト	永井貴治（社会福祉法人 富岳会）
本文デザイン	タイプフェイス
本人イラスト	小牧良次（イオジン）
口絵デザイン	株式会社ジャパンマテリアル
口絵イラスト	大山みのり

本書の内容に関するご質問については、下記 URL から「お問い合わせフォーム」にご入力いただきますようお願いいたします。
https://www.chuohoki.co.jp/contact/